MOTS et MÉCANIQUES DE L'ÉCONOMIE

Du même auteur

L'investissement, PUF, 1990

Économie de l'entreprise contemporaine, Nathan, 1989

La conjoncture économique, PUF, Que sais-je, 2e édition, 1989 ; Traduction russe 1996, Ramakc

Manuel d'économie contemporaine, Nathan, 1987

En collaboration :

« Chroniques économiques », Cercle des Économistes, Descartes & Cie – éditions 1994, 1995, 1996, 1997, 1998, 1999, 2000, 2001

Grands problèmes économiques, Hachette, 1995

Encyclopédie de gestion, Economica, 1997

La Bourse (Jean-Pierre Gaillard), Grasset, 1999

Espérances et menaces de l'an 2000, Descartes, 1999

Espérances et menaces de la nouvelle économie, Descartes, 1999

Participation au *Dictionnaire de Science Économique*, PUF, 2001

Crises Financières, Economica, 2001

Espérances et menaces de l'élection présidentielle, Descartes, 2002

Où va l'économie mondiale ?, Odile Jacob, 2002

Jean-Paul BETBÈZE

MOTS et MÉCANIQUES DE L'ÉCONOMIE

Préface de Serge MARTI

Rédacteur en chef au Monde

Responsable du Monde Économie *et du* Bilan du Monde

ECONOMICA
49, rue Héricart, 75015 Paris

INTRODUCTION

Rapprocher la théorie des faits, expliquer, analyser, comparer en ayant en tête que l'économie, devenue pluridisciplinaire, reste une science tout sauf exacte. Tel est le chemin qu'emprunte chaque semaine le Monde Économie, *telle est la voie tracée par Jean-Paul Betbèze qui, depuis 1998 accompagne le supplément économique du* Monde *dans cette démarche. Ainsi qu'en témoigne cet ouvrage, ses chroniques balaient un vaste champ de connaissances qu'il faut revisiter. Elles démontrent que les outils économiques n'ont rien perdu de leur pouvoir éclairant, à condition, peut-être de les combiner chaque jour davantage, ne fût-ce que pour s'échapper des schémas trop classiques et des idées reçues. À cet égard, Jean-Paul Betbèze, homme de verbe autant que d'écrit, a le double profil d'un universitaire à l'écoute d'un monde étudiant plus curieux et frondeur qu'on ne l'a trop souvent dit, et d'un praticien plongé quotidiennement dans la vie de l'entreprise, elle aussi sujette à interpellation. C'est certainement ce croisement qui donne tout son sens à cette* « mécanique de l'économie » *qu'il s'efforce de démonter au fil de ses nombreuses chroniques qu'il traite en conteur.*

Serge MARTI
Rédacteur en chef au *Monde*
Responsable du Monde Économie
et du Bilan du Monde

REMERCIEMENTS

Qu'il me soit permis de dire ici toute ma gratitude à Marie-Béatrice Baudet, Martine Laronche et Serge Marti pour leurs réactions, remarques et apports sur chaque papier, et à Serge Marti pour être à l'origine de ce travail en créant la rubrique « La mécanique de l'économie » dans le supplément du Monde qu'il dirige, avec l'idée qu'il y avait sans doute en économie des lois, règles et rouages, mais plus compliqués, subtils et surprenants qu'on ne le pense en général.

Tous mes remerciements et meilleurs souvenirs, à Marc-Antoine Kleinpeter, économiste à la Direction des Études Économiques et Financières du Crédit Lyonnais au moment du lancement de ces chroniques, pour son apport très important aux numéros 18, 19, 23, 24, 25, 26, 27, 28, 29, 38, 40, 41.

Qu'il me soit permis aussi de remercier Antoine Frachot, Responsable du Groupe de Recherche Opérationnelle du Crédit Lyonnais pour la quatrième rubrique de ce recueil et pour ses remarques sur nombre d'autres et Jean-Yves Rossignol, membre de la Direction de la Stratégie, pour ses réactions aux papiers financiers.

Enfin, il est bien clair que cet ouvrage n'engage en aucune façon la banque où je travaille, et que je reste responsable des idées, et erreurs, qui demeurent.

à Paul-Hadrien

AVANT-PROPOS
Comment parler d'économie ?

Reprises et récessions, embellies et crises, attaques terroristes et programmes de rebond, vache folle et marées noires, euro et dollar, spéculations et bulles, Internet et chômage, mariages d'entreprises et divorces : nous avons le sentiment que tout se complique et s'accélère, que les outils dont nous disposons ont pris un terrible coup de vieux ou, pire encore, qu'ils ne sont guère que des instruments de propagande, et avec quelques guerres de retard. Nous avons, en même temps, le sentiment que l'économie est devenue plus dangereuse en étant devenue plus globale, comme ses grandes vagues qui déferlent et emportent, à la hausse ou à la baisse, de plus en plus de choses sur leur passage. Dans un sens puis dans l'autre. L'économie des déferlantes, si l'on peut dire, rend plus compliquées la recherche des spécificités, en même temps que plus nécessaires, mais plus compliqués aussi, les ajustements. Développer ses différences est une chose, obéir à des lobbies locaux en est une autre, s'accrocher à de vieilles lunes une troisième.

Le propos de ce livre prend en compte ces réalités et ses inquiétudes, mais sans tomber dans l'angoisse ou l'anathème : il entend dire que nous ne sommes pas démunis devant ces changements et ces chocs, que nous pouvons comprendre en grande partie les phénomènes les plus récents, modernes et dérangeants, et plus encore que nous devons réagir à partir de ce que l'économie, elle-même, nous dit. On peut aimer (ou non) ce qui va suivre, mais on ne peut dire que l'économie reste sans réponse. L'auteur, par son métier, est à un carrefour de ces réalités, devant comprendre et expliquer, étant dans une entreprise bancaire et dans les marchés financiers, après une carrière universitaire.

Bien sûr, ce serait un rare toupet que de penser avoir *le* modèle d'analyse des changements en cours. Pire, ce serait une erreur, contraire à toute notre démarche. Qu'il soit donc permis, après plus de cinquante chroniques, de mettre un peu d'ordre dans les papiers et, à l'occasion, dans les idées. On verra alors qu'on peut comprendre en peu *le monde comme il va*, comme disait Voltaire, un peu plus peut-être *Le monde de l'économie comme il va*. Un peu seulement, mais en essayant d'*aller* dedans, de comprendre qui dit quoi, qui fait quoi.

L'entreprise, grande délaissée des analyses

La première chose qui vient à l'esprit, est que l'entreprise reste la grande délaissée de nos analyses, alors qu'elle est la base de tous les changements en cours. Nous restons charmés par la grande macro-économie, ce royaume des raisons variées et contradictoires, et bien sûr (et donc ?) ce champ de la politique économique. C'est pourquoi il faut commencer par se demander ce que font les firmes : ***produits ou prestations*** ? (Nota : dans la suite de cet *Avant-Propos*, on trouvera ainsi, dans l'ordre et en italiques, les titres des articles parus dans Le Monde). Des produits, autrement dit des choses individualisées, ou plutôt des prestations, assemblages de plus en plus complexes de choses reliés à et par des services ?

C'est cette interrogation que l'on retrouve avec ***les logiques fondatrices d'Internet***. Le point de départ de l'investissement Internet est très risqué, on l'a bien vu par la suite, car les coûts des premières unités produites sont très élevés, mais ceux des suivantes beaucoup plus faibles. En effet, avec des coûts marginaux prévisionnels très fortement décroissants, les entreprises du Net sont des monopoles en puissance. Mais faut-il encore que leurs prestations plaisent, qu'elles trouvent des acheteurs toujours plus nombreux, désireux de s'insérer dans leurs logiques, pour former des clubs toujours plus vastes et puissants. Cette logique des prestations se manifeste de façon nouvelle dans le cas des entreprises traditionnelles, et de façon spécifique dans le cas des biens publics. De façon nouvelle pour les entreprises d'abord, où la question ***Produire ou consommer ?*** prend un nouveau contenu, maintenant que le consommateur devient de plus en plus un producteur. Il agit directement dans le système de commercialisation et de production lui-même, en téléphonant, en lisant les sites, en commandant en direct, en *mailant* et, ce faisant, il devient meilleur consommateur encore, en devenant plus fidèle et mieux connu. De façon spécifique dans le cas des biens publics ensuite, où ***L'armée et l'air, le chèque et le syndicat*** sont autant de situations dans lesquelles les marchés fonctionnent, mais selon des modes différents des traditionnels. Encore faut-il savoir pourquoi et comment.

Cette pression des marchés ne cesse de se renforcer, avec la norme de rentabilité recherchée d'actionnaires organisés. ***Quand le ROE est roi*** (*Return on Equity*), autrement dit quand un niveau de profit des fonds propres est demandé par les actionnaires, des logiques économiques et financières se mettent plus nettement en place, une concurrence plus forte se manifeste. Et ceci d'autant plus que ce niveau de rentabilité est élevé. Car les actionnaires se groupent, plus encore ils délèguent leurs choix d'achat de titres à des entités spécialisés, ils se font représenter. ***L'effet fonds*** (fonds de pension, fonds de gestion d'actifs...) incarne ainsi ces logiques, dont le but est un certain niveau de ROE, élevé répétons-le. En même temps, banques et marchés changent, échangent des informations : les rapports entre ***finance et activité*** deviennent plus complexes, plus efficaces aussi. Rien de surprenant donc si les entreprises se restructurent, souvent comme on (« on » étant bien souvent les fonds) le leur demande, en abandonnant certaines activités jugées moins rentables, en investissant dans d'autres, et si les ***mariages d'entreprises*** alternent avec les ***découpages d'entreprises***. L'idée est toujours de se réorganiser en fonction des prestations qu'elles doivent offrir pour obtenir les conditions de rentabilité recherchées. Et c'est ***la logique du bouquet*** qui se met alors en œuvre, avec de plus en plus de prestations offertes conjointement, au milieu de fusions, alliances et, de plus en plus, de partenariats. Bien sûr, cette dynamique du capitalisme, succession à la croissance propriétaire du XIXe et au mouvement managérial des années 1930-1970, ne va ni sans coût, ni sans risque. Et tout ceci, normalement, converge dans des ***capitalisations boursières*** qui expriment les résultats des stratégies suivies, et leur donne, si tout se passe bien, les moyens de les poursuivre, notamment par échange de titres avec d'autres sociétés.

Le monde, seul véritable espace des stratégies

Car cette évolution des firmes se manifeste dans des ensembles toujours plus vastes, celui du monde désormais, ou, pour parler américain, sous l'effet de la globalisation. Chaque entreprise essaie de renforcer ses particularités dans ses bouquets de prestations. Mais en sens inverse le mécanisme concurrentiel rabote les écarts obtenus pour faire naître ***les commodités de l'internationalisation.*** Ce sont ces ensembles de produits et de prestations que l'on retrouve, semblables, dans toujours plus d'endroits et pour lesquels, les marges étant plus limées, la taille de production doit être supérieure. Internet accélère le processus, et la taille des réseaux de distribution plus encore.

La firme n'a plus alors qu'un choix : ***détruisez votre activité !*** dit son responsable à ses principaux adjoints. Pensez donc à de nouvelles façons de faire ce que vous faites ! Traduction libre, adaptée de la célèbre destruction – créatrice du célèbre Schumpeter : votre vie future passe par votre mort gérée. C'est alors que va naître ***le réseau du plus fort*** dans ***les nouvelles places du marché***, cette nouvelle organisation des entreprises mondiales où il s'agit de marier au mieux les produits et les rapports clients. C'est alors aussi que ***la clef de la recherche*** permet d'ouvrir de nouvelles portes, en reliant toujours plus directement et plus rapidement l'innovation à sa mise en application.

Repenser la régulation des marchés

On comprend alors que les façons traditionnelles de concevoir le marché de l'entreprise, et donc de gérer la concurrence, la concentration… ne peuvent que changer. Mais, avant de commencer, il faut absolument savoir que l'on ne sait pas entièrement (et jamais en fait) qui est l'autre, en face, le consommateur, l'acheteur, le client, l'emprunteur, le salarié… Il faut donc bien comprendre cette barrière qu'est l'asymétrie d'information, pour tenter de la réduire, faute de pouvoir la dépasser. Le ***cercle vertueux de la crédibilité*** est le point de départ, de tous les départs en fait, pour savoir qui est qui, qui veut quoi, au-delà des réponses trop simples, et parfois erronées, que donne la théorie économique. Il s'agit de parier sur le bon échange d'informations, en montrant que les deux partenaires (par exemple le client de la banque et le banquier ; la banque centrale et les marchés financiers) y ont un gain réel. ***Le monopole à la question*** : c'est lui qui incarne, par opposition, les anciennes logiques, économiques, sociales, politiques, et se trouve le premier exposé aux innovations techniques et aux nouvelles logiques. Qu'il s'agisse du téléphone ou du chemin de fer, ce sont d'autres façons de réguler ce que l'on nomme les services publics qui se dessinent, en lieu et place de la propriété publique. Mais les oligopoles privés se trouvent aussi chahutés. ***La concurrence des crocodiles*** incarne cette révolution des marchés, avec l'idée que chacun peut se regarder un temps sans trop bouger, mais un temps seulement. L'histoire est plutôt celle où alternent paix et guerres. Il y aura donc, assez vite, moins de crocodiles, dans un marigot plus vaste.

Est-ce que ce qu'on sait alors en matière de ***position dominante*** a changé ? Oui, parce que l'accent porte de plus en plus sur les dangers qu'aura une entreprise à abuser de sa position, même sur un espace devenu plus vaste, et donc sur les leçons qu'elle en tirera. Tout le monde comprend qu'il faut réguler les monopoles, surveiller les ententes. Mais il est de plus en plus clair que ce qui freine vraiment les firmes sur un marché est le risque, crédible, de l'arrivée d'une autre firme, attirée par la forte odeur d'un ROE élevé. Si le marché est « contestable » (pour reprendre en français le mot anglais), ce qui est de plus en plus le cas avec Internet, autrement dit si les barrières à l'entrée et à la sortie sont réduites, et soigneusement maintenues basses par les autorités de régulation, un nombre restreint de firmes peut fonctionner sur le marché en s'y faisant effectivement concurrence. ***Le site et la sellette*** sont alors les deux véritables leviers de cette nouvelle régulation, libérale, des marchés. Il faut donc s'assurer que les sites qui se créent restent toujours en concurrence, assis sur leur sellette.

Ceci implique que la concurrence passe de plus en plus par des agences, publiques ou privées, qui s'assurent de la qualité des prestations offertes, puisque le prix ne véhicule plus toute l'information nécessaire. Ce sont là ***les enjeux de la certification***, nouveaux mais essentiels, car la concurrence ne peut porter sur le prix que pour autant que la qualité est attestée.

L'insérer dans un contexte monétaire

Bien sûr, la façon dont nous pensons (encore) la croissance reste tributaire d'une logique keynésienne où les flux étaient décisifs, et d'un temps où les prix relatifs changeaient peu. ***La cuisine de la prévision***, ce lieu où se préparent sentiments des ménages, des entrepreneurs et interventions de politique économique est donc daté. Notamment par son insuffisante prise en compte des données monétaires et financières, et plus encore de l'interdépendance des comportements, avec le poids croissant des anticipations. Si l'inflation est au cœur des interrogations, c'est avec un dosage plus complexe à rechercher entre activité économique et prix. Le cas où il s'agit d'étudier ***l'inflation, les États-Unis et M. Greenspan*** est exemplaire de cette nouvelle réalité, où les rapports économiques changent – entre industrie et services, entre activité et salaires, entre salaires et prix – et où on peut se demander ***où est cachée la monnaie*** ?

Certes, tous les banquiers centraux (en tout cas ceux de la BCE) vous répondront (encore) qu'elle est dans les agrégats larges, que le lien entre monnaie et inflation est le plus stable de la science économique, et qu'il faut prendre M3 pour, à moyen terme, prévoir et gérer l'inflation. Il n'en reste pas moins que l'essentiel de la politique monétaire n'est plus tant dans cette gestion, que dans la manipulation des anticipations. ***La monnaie et le jardinier central*** résument cette perception, où la liquidité serait bien administrée et répartie, pour le plus grand bonheur d'une croissance durable et non inflationniste. Mais cette vision suppose une crédibilité de la banque centrale et un développement encore réduit des marchés financiers, ce qui peut ne pas durer toujours. Nous sommes, en Europe, assez bien placés pour voir la difficulté qu'il y a à bâtir une crédibilité, qu'il faut de l'art (Alan Greenspan) et des marchés flexibles (États-Unis)... ce qui ne se retrouve pas nécessairement en Europe.

Le statut du crédit est exemplaire de cette évolution des réalités et des représentations, avec l'idée que son volume est indicatif des projets jugés rentables par des banques, et donc annonciateur d'une activité plus soutenue. Encore faut-il que le lien ***confiance, crédit, croissance*** reste bien réglé, pour qu'il n'y ait pas trop de crédit qui conduirait à de l'inflation (prix des biens et services) ou à une bulle (prix des actifs). Ce qui mène au triplet qui réunit ***la courbe des taux, l'inflation, la Banque centrale***. Cette courbe (écart entre les taux longs, à 10 ans le plus souvent, et courts, à trois mois) manifeste l'entrée des marchés financiers dans l'univers de la prévision et du réglage monétaire. Une sorte de thermomètre (simple) qui mesure le risque de température et la capacité anticipée à la réduire : si la courbe des taux est croissante, la reprise est normalement en place, si elle s'inverse, c'est la récession qui vient.

Mais cet appareillage n'est pas sans défaut, car il ne présente pas toute l'information nécessaire à la gestion du futur. On constate ainsi que les États-Unis continuent de croître sans vraiment se soucier de leur épargne, et que le Japon continue de ne pas croître parce qu'il s'en soucie trop – ou plus exactement la place terriblement mal. Entre ***les réserves de la fourmi et les pertes de l'écureuil***, il y a donc place pour des politiques qui gèrent effectivement la moyenne période (***naissance et « mort du crédit crunch »*** dans les années 1990-1992) mais qui mettent surtout, et systématiquement, l'accent sur des structures compétitives. Ce sont, heureux, ***les effets de la désinflation***. On doit les chercher partout et obstinément, en Europe notamment, sans trop s'inquiéter des effets qui, en sens inverse, marquent les rattrapages des pays les moins développés qui se rapprochent des meilleurs (***L'effet Balassa-Samuelson et la BCE***).

Alors, les choses peuvent s'améliorer, du côté des flux de croissance, du côté des encours de valorisation. ***La Bourse et la voie***, c'est quand la bourse reflète des informations et aide entrepreneurs et ménages. Mais il faut, aussi, l'aider dans ses problèmes (le retournement du cycle) et la corriger dans ses tendances à l'excès. ***Des taux et des mots***, c'est alors ce qu'il faut : des taux d'intérêt pour renchérir le financement ou au contraire le rendre plus facile, et toujours des mots, pour diffuser la confiance ou au contraire instiller la crainte, pour diffuser constamment des messages.

Et plus encore dans un monde de plus en plus incertain

Cet univers déjà plus complexe, où information et crédibilité sont cruciales, avec des agents privés plus puissants et réactifs, ne gagne pas en simplicité si on se dit aussi que des chocs sont toujours possibles. Mais nous n'avons pas le choix, si nous voulons toujours regarder *le monde comme il va* ! Ce sont donc ***tornades et références***, qui nous poussent à intégrer des secousses plus fortes, et donc revoir l'appréciation du risque que nous avons en tête, celle d'un monde gaussien. Il nous faut admettre que la probabilité des catastrophes n'est pas négligeable, et aussi que le coût économique de ces catastrophes et croissants. Pire encore, c'est ***l'économie du terrorisme*** qui nous pousse à penser des comportements *a priori* fous, mais qu'il nous faut bien tenter de comprendre, pour essayer de les intégrer, et de nous en prémunir. Car la ***confiance du consommateur*** est aussi importante qu'instable, difficile à cerner, à entretenir, à renforcer, et de plus en plus exposée. Les agents économiques ne sont jamais transparents, l'information toujours en partie cachée. ***L'aléa de moralité*** traduit ainsi l'incertitude qu'apporte la protection au comportement de celui qui en bénéficie. Le conducteur assuré contre le vol ne va-t-il pas laisser sa porte ouverte ? Le pays assuré d'être repêché par le FMI, car il est trop gros ou trop stratégique, ne va-t-il pas s'avérer moins sérieux encore ?

Car rien n'indique *ex-ante* comment vont interagir les anticipations, autrement dit les spéculations, où l'on agit non en fonction de soi mais de l'idée que l'on se fait de l'action de l'autre, ou des futurs jugements majoritaires des autres. ***Anticiper ou spéculer***, là est donc la question de la stabilité foncière de nos systèmes. ***Le marché vertueux*** est la forme qui permet de trouver cette stabilité, où chacun anticipe, c'est-à-dire agit en fonction de ses propres objectifs sans regarder l'autre, dans un contexte où la vérité des valeurs d'actifs est assurée. Mais si tout ceci ne fonctionne pas, si l'un agit en fonction de l'autre (ou des autres), le dérèglement peut naître. Jamais au hasard d'ailleurs, car ***la crise a sa logique***, analytique, séquentielle, mimétique.

Dans le domaine monétaire, ces interrogations et mouvements potentiels sont particulièrement importants. ***Combien vaut le franc***, ou l'euro désormais, n'est pas une question triviale dès lors qu'il s'agit de mesurer au plus juste des rapports de prix et de performances entre pays, avec à la clef croissance, emploi et prix. ***Donner le (bon) change*** l'est donc encore moins, puisqu'il s'agit d'agir, à tout le moins de prendre en compte le taux obtenu, mais dans le contexte d'un régime de change : flexible, régulé ou fixe.

On peut alors rêver que le monde se stabilise et dire (à peu près) avec le poète : ***Ô volatilité, suspends ton vol !*** Il n'empêche que les marchés ne se calmeront que s'ils sont sûrs du territoire où ils se trouvent. Mais pour cela, il faut savoir leur parler. Comment communiquer sur l'emploi, les déficits futurs, les stratégies : ***Dire ou ne pas dire ?***

Qu'il faudra bien réguler

Des taxations, régulations, coordinations, pourraient peut-être forcer les agents économiques à mieux analyser leurs actes. N'empêche que si nous voulons, tous, croître, et plus vite, il faudra accepter plus de tensions dans le partage de la valeur ajouté, et avec plus d'aléa. ***Croissance, répartition et risque*** sont donc le triplet de notre devenir.

Pourquoi des cycles ? Parce que nous sommes des humains qui parlent de rationalité individuelle, mais ne cessent de se regarder et de se comparer. Parce que nos désirs de rentabilité nous font toujours penser que les gains futurs seront plus élevés encore, même si les RoE que nous cherchons dépassent les possibilités économiques et sociales. Parce qu'au moment où la situation devient plus tendue et précaire, nous cherchons les bonnes raisons pour la juger pérenne. Parce que nous ne cessons de fabriquer un univers plus instable. Parce que nous organisons une course entre des marchés qui chamboulent et des régulations qui stabilisent, et que nous pensons que celles-là nous protégeront un jour, définitivement, de ceux-ci. Pourquoi des cycles ? Parce qu'il est dangereux de rêver... et qu'il faut toujours le faire.

C'est pourquoi nous devons communiquer, partager et échanger avec d'autres, et que ceci peut, sous certaines conditions, être favorables à tous dans le temps. Mais rien n'est jamais simple en cette matière. ***Libre-échange et risques sociaux*** vont en fait de conserve : il faut ouvrir et accepter des prestations nouvelles, et donc réduire ou changer les siennes propres. Mais toutes ces prestations ne sont pas identiques, elles n'ont pas le même enjeu stratégique. Pour essayer de réduire les difficultés qui naissent de ces tensions, de ces aléas, il ne faut pas perdre la tête, c'est-à-dire qu'il faut adopter la maxime : ***à marché souple, comptabilité rigide.*** Autrement, si la comptabilité épouse le marché, c'est tout le système de repérage des valeurs qui s'en va, et qui apporte alors plus d'instabilité à l'instable. Attention donc à la tendance à la *fair value* anglo-saxonne ! Le cas Enron nous donne en vraie grandeur ce qu'il en est quand la comptabilité, déjà flatteuse dans le temps des bulles, devient manipulée par des experts, en sus bien conseillés.

Et tout ceci nous donne, de plus en plus, un seul monde, qui fonctionne ensemble, au même rythme, rythme qui va croissant. Ou plus exactement en fonction du rythme accéléré venant des États-Unis et qui emporte le reste, pour le plus grand bonheur des États-Unis peut-être. ***Synchronisation et compétition*** sont la synthèse de ce monde qui est désormais le seul nôtre. Il va plus vite, et sous une même houlette, ce qui ne présente évidemment pas que des désavantages, pourvu aussi qu'on se donne les moyens d'en profiter, et de freiner, et de travailler à répartir les fruits de cette création. Il est donc agité par le ***concours de laideur***, où il ne s'agit pas tant de chercher le plus beau, qui semble ne pas exister, mais le moins laid. Qui semble bien être les États-Unis, par la faute d'une Europe qui manque de volonté, de dynamisme, de stratégie.

L'économie est toujours inquiète de ce qui se passe, désemparée devant la tournure des événements. Il faut qu'elle se fasse une raison : elle aura toujours un temps de retard. L'essentiel est qu'elle aide à éclairer toujours davantage, toujours plus loin, et surtout qu'elle n'hésite pas à s'exprimer bien plus fort. Le droit à l'erreur existe : c'est même celui qui est le plus utilisé dans notre monde ! C'est celui au silence qui ne doit pas exister.

I - L'ENTREPRISE, GRANDE DÉLAISSÉE DES ANALYSES

1 – Produits ou prestations ? *

Si l'on se dit qu'il ne faut plus parler produits, biens ou services, mais ensemble de caractéristiques, on voit bien comment peut se développer la concurrence

L'économie traite des produits, c'est-à-dire des éléments transformés de la nature, et chacun d'entre nous achète, vend, reçoit, transforme, *utilise* des produits, qu'ils soient matériels (biens), ou immatériels (services). La transformation est donc l'acte essentiel, qui fait passer tel ou tel élément du domaine non économique (celui des biens libres) à celui de l'économie, avec ce que ceci implique de travail (attention, effort, expertise), d'imagination, de désir (pouvoir, profit), de contrainte (concurrence, règles) et de risque.

Bien évidemment, face à l'immense monde des produits, la théorie économique a tendance d'abord à simplifier. Elle part ainsi d'un bien, qu'elle qualifie d'homogène et dont la seule caractéristique sera le prix, seul aspect sur lequel portera la concurrence. C'est ensuite qu'elle lui adjoint d'autres fonctions et aspects qui le différencieront du produit de départ. Ils impliqueront et éventuellement légitimeront un prix supérieur, et donc un profit supplémentaire.

---

* 6 avril 1999

En réalité, il n'est pas bien sûr que l'on puisse analyser les biens et services qui nous entourent à partir de cette clé de lecture : produit homogène + ajouts, et cela pour trois raisons. D'abord, parce que la tendance est à produire des biens offrant de plus en plus de caractéristiques. Le bien simple et homogène a depuis longtemps disparu (a-t-il jamais existé ?). Ensuite parce que s'y ajoutent des services. Enfin parce que les ensembles ainsi créés ne sont pas seulement constitués pour le client final mais aussi pour l'ensemble des intermédiaires dans la chaîne de production-distribution.

Pratiquement, donc, il vaut mieux considérer que les produits que l'on voit, achète, envie, utilise, présentent un ensemble de caractéristiques, et offrent un ensemble de prestations. Ces prestations sont la couleur, le poids, la robustesse, la capacité mémoire, la teneur en calories... selon le produit concerné. Et bien sûr le prix.

Mais ce qui paraît clair, c'est que toutes les prestations offertes ne sont pas nécessairement pertinentes pour le client final. Par exemple, les produits surgelés que nous consommons peuvent durer des années, alors que nous les gardons en moyenne deux ou trois semaines. Certaines prestations offertes par le produit final permettent donc aussi un stockage de longue durée, l'acquisition des ingrédients à des moments opportuns, des conditions spéciales de transport... tous éléments utiles dans la chaîne amont, mais peu ou pas signifiants pour le client final.

Si l'on se dit donc qu'il ne faut plus parler produits, biens ou services, mais ensemble de caractéristiques, de prestations, on voit comment peut se développer la concurrence. Une part de cette concurrence nous concerne, avec des prestations offertes qui tenteront de répondre mieux à nos souhaits. Les produits bancaires, d'assurance, de voyage, d'alimentation, se dotent ainsi de traits de plus en plus nombreux. Censés répondre à une segmentation de plus en plus poussée, ils s'affinent de plus en plus, jusqu'à faire penser qu'ils ont été conçus à nos seules mesures.

En réalité, cette prolifération des prestations doit être toujours très précisément mesurée, et cela pour trois raisons. D'abord, parce que les prestations supplémentaires offertes doivent évidemment intéresser le client et faire qu'il accepte de les payer.

Ensuite, cette organisation de paquets de prestations (prestations réelles, de financement, d'assurance, de garantie, de tarification...) doit être gérée de façon rentable par l'organisation, ce qui implique de sa part des alliances avec des prestataires externes et des systèmes précis de comptabilisation et de gestion des données. Le lien prestations-alliances, allant parfois jusqu'à des liens capitalistiques, est typique de ce qui se passe actuellement : l'offreur a certes une expertise dans les prestations qu'il propose au départ et qu'il définit comme son métier de base. Mais, pour étendre sa gamme, il lui faut des expertises nouvelles, des alliés de qualité et sûrs qui vont gérer dans leurs usines (de produits matériels ou immatériels, comme par exemple les centraux téléphoniques) les prestations qu'ils apportent.

En troisième lieu, la connaissance de plus en plus fine des prestations souhaitées est la condition de l'amélioration de la satisfaction du client, de sa fidélisation, et donc de sa rentabilisation. Il ne faut jamais oublier que la valeur d'une entreprise est la somme actualisée de ses gains nets prévisibles sur l'ensemble de ses clients. Prévisibles, car ces paquets de prestations sont et seront toujours remis en cause. Vient un moment en effet où les options de l'automobile deviennent de la série, où la qualité nouvelle voit son aspect distinctif s'émousser. Vient surtout un moment où un paquet de prestations va en englober un autre. Le four à micro-ondes « fait » aussi four traditionnel et « mange » ce dernier. Le téléviseur devient lecteur de cassettes et bientôt de DVD, donc aussi chaîne hi-fi ; nul besoin donc de « boîtes » à côté. Et l'ordinateur peut lui-même lire des DVD et son moniteur ressemble terriblement à un téléviseur.

Alors, comment faire pour continuer ? D'abord être le plus possible fabricant de paquets de prestations plus larges pour englober les autres, ensuite continuer dans la prolifération, segmenter par grappes, ou alors simplifier massivement. Fabriquer des prestations plus larges signifie que les batailles futures se livreront avec les fabricants d'ordinateurs multifonctions, ou avec les fabricants de logiciels, ou avec les gestionnaires de réseaux.

Continuer dans la prolifération consiste à ajouter des caractéristiques nouvelles à l'offre, avec l'idée que tout acheteur trouvera ce qu'il cherche. La prolifération provoque des barrières à l'entrée, mais suppose aussi que l'offreur donne à ses distributeurs les moyens de la gérer (toujours l'idée que les prestations ne sont pas seulement faites pour le client final mais prennent aussi en compte les besoins ou contraintes des intermédiaires). La segmentation sera une (nouvelle) réorganisation des paquets de prestations en fonction de catégories de clients, jusqu'à ce que reparte le mouvement de prolifération sur des bases redessinées.

Reste enfin le choix drastique et opposé de l'offreur de prestations ultra-simplifiées à des coûts très faibles, celui du *low-cost producer* qui offrira des paquets vacances un peu spartiates, des gammes réduites de crédits ou d'assurances à d'excellentes conditions, le portable avec conditions d'utilisations minimales, l'ordinateur cistercien.

Moralité : la dynamique des prestations est celle du système dans son entier.

2 – Les logiques fondatrices d'Internet *

Beaucoup d'idées sont brassées, beaucoup de qualifications sont mobilisées qui peuvent entraîner des engagements considérables en capital, très rentables ou irrécouvrables

Attention, quand on nous parle de « nouvelle économie », ou encore de « révolution numérique », à ne pas céder au mirage des appellations miracles avant d'examiner ce qu'elles représentent. L'expression « nouvelle économie » recèle ainsi un traquenard : celui d'imaginer qu'elle n'obéit pas aux lois de l'ancienne, que le développement de la gratuité ferait disparaître les prix, que les biens seraient tous libres, que l'abondance régnerait partout.

La « nouvelle économie » s'est bien vite dotée de lois pour marquer un peu magiquement son territoire, sans se référer aux concepts et notions classiques. Mais en réalité, c'est bien d'économie qu'il s'agit.

La première loi fondatrice, dite de Moore (du nom du président d'Intel), énonce que « la puissance d'un microprocesseur double tous les dix-huit mois », ce qui explique la chute des prix des équipements informatiques, et donc leur développement, tandis que la fibre optique fait, de son côté, effondrer le coût de transport de l'information. Au final, nous obtenons donc une baisse des prix des ordinateurs combinée avec la hausse de leurs capacités, ainsi qu'une chute des coûts de traitement, de stockage et de transport de l'information. Ces phénomènes, du point de vue de la théorie économique, relèvent d'une dynamique des coûts, avec des gains de productivité issus de la mise en œuvre de l'innovation, prolongés par des économies d'échelle (plus on produit, plus le coût moyen baisse) et d'apprentissage (plus on produit, mieux on sait le faire et donc le coût moyen baisse).

La deuxième loi fondatrice, dite de Metcalffe, du nom du créateur d'Ethernet, pionnier d'Internet, stipule que « la valeur d'un réseau varie avec le carré de ses membres ». Il s'agit de ce que l'économie appelle « l'effet club », en bref de l'intérêt qu'il y a à être de plus en plus nombreux à utiliser un même produit ou un même service, tout acheteur devenant nécessairement le prosélyte de ce qu'il vient d'acquérir. Derrière cette logique, on trouve l'idée que des normes

* 17 octobre 2000

différentes ne peuvent coexister, et que c'est précisément l'entreprise qui convainc davantage d'acheteurs, qui crée donc un club plus important, qui l'emporte.

Le cœur de la nouvelle économie est donc une boucle, nouvelle et extrêmement forte, entre un effet de coût et un effet de club. Elle se concrétise par une baisse régulière du coût des ordinateurs qui bénéficie à leurs utilisateurs. C'est « le paradoxe de Solow » du nom de l'économiste américain qui notait à la fin des années 80 que « les ordinateurs étaient partout, sauf dans les statistiques », autrement dit que les gains de productivité dans le secteur des biens informatiques étaient comme avalés par leurs utilisateurs.

Autre élément majeur fondateur de la nouvelle économie : la notion de réseau qui pousse à mettre en œuvre des *business models* qui vont chercher à abattre les anciennes organisations de production et de distribution. Rien de surprenant donc si cette nouvelle économie parle de déstructuration, de nouvelle chaîne de valeur, de crise des intermédiaires. En réalité, c'est une adepte à la fois du « saut », puisqu'elle cherche par exemple à éviter telle ou telle étape dans l'accès au client, prenant au passage la valeur ajoutée correspondante ; et du jeu de Go, puisqu'elle tente de créer de nouveaux ensembles de produits et/ou de clients en s'en appropriant la valeur ajoutée.

Les nouveaux produits sont souvent des connexions avec des biens réels et financiers qui procurent un avantage de temps : connaissance plus directe de ce qui existe (moteurs de recherche), disponibilité plus rapide, prix plus bas (comparaison, site d'enchères, etc.). Les nouveaux groupes de clients chamboulent les rapports d'achat, avec des places de marché verticales (filière de production qui attirera les principaux offreurs, nécessaires à chaque étape) ; horizontales (des petits acheteurs se réunissent autour d'un très gros pour disposer des prix avantageux qu'il obtient).

Cette nouvelle économie structure ainsi différemment les demandes, avec des communautés qui se créent, des concurrents qui regroupent certaines de leurs demandes pour bénéficier de prix plus bas, des groupes qui se retrouvent par affinités autour de certaines passions, consomment, échangent, communiquent, se ramifient.

Deux sources, l'effet de coût et l'effet de club, combinées à deux logiques, celle du « saut » et celle du « jeu de Go », tentent de créer de la valeur et donc d'en détruire, avec d'énormes risques : beaucoup d'idées sont brassées, beaucoup de qualifications sont mobilisées qui peuvent entraîner des engagements considérables en capital, très rentables ou irrécouvrables en cas d'insuccès ou de non-rachat par un autre pionnier plus riche.

L'ensemble de ce processus a commencé dans les années 80 aux États-Unis et couvé sous le paradoxe de Solow. Il s'est étendu à partir de 1991, avec une progression annuelle de l'investissement allant de 12 % à 14 %, dont 30 % à 40 % pour l'informatique. On peut en mesurer ses effets depuis deux ans, sur la croissance, l'emploi et les variations du Nasdaq.

3 – Produire ou consommer ? *

Les entreprises qui n'auront pas réagi à temps, pas capturé assez de clients pour les fidéliser dans ces nouveaux rapports de consommation/production sont en danger

Une production est une réalisation tandis qu'une consommation est une destruction. Présentée en ces termes, l'opposition est totale. Pourtant, consommer des aliments, c'est aussi produire des éléments chimiques qui permettent d'exister : c'est donc « se produire ». Et quand une entreprise consomme de l'électricité, du temps de ses salariés, des idées, l'énergie de ses responsables, des brevets, l'usage du sol... elle le fait pour produire des éléments qui seront, à leur tour, consommés. Toute production est une consommation, disait déjà Marx, et la consommation donne le but de la production. De son côté, Keynes faisait remarquer que ce qui animait le système le faisait donc produire. D'où le principe de « la demande effective » : l'idée de satisfaire, de manière rentable, une demande future. Les voilà donc, sur ce point, réconciliés.

Ces analyses n'épuisent pas la réalité des rapports entre production et consommation car elles ne mettent pas assez en jeu les acteurs et moins encore leurs mouvements. Dans un restaurant, le consommateur est assis et servi, ce qui correspond à une fonction de production donnée, se manifestant par des prestations codifiées, des organisations particulières (en salle, en cuisine...) et un niveau de prix. Le service sera différent dans un self-service où, comme le nom l'indique, le consommateur peut bouger, choisir, se servir, transporter les produits... pour un prix évidemment moindre. Il a intégré une partie des activités marchandes du restaurant. L'acte de consommation finale, où la part des services est croissante et souvent dominante, se prête à ces mouvements de frontière, selon l'importance des prestations de services fournies. En même temps, ce consommateur, qui devient davantage producteur, améliore ses comportements par apprentissage. Il peut adopter des stratégies d'achat mieux informées, plus rationnelles. Il se développe ainsi un déplacement entre le « Front office », frontière traditionnelle de la relation clientèle, et le « Back office », où se préparent produits et prestations.

---

* 4 septembre 2001

Le « Front » recule, si l'on peut dire, et des activités de « Back » se trouvent directement prises en main par le consommateur.

Cette dynamique, partout en œuvre, est en passe de modifier fortement les organisations et l'emploi. Le téléspectateur était une forme bien connue de consommateur passif. Il pourra désormais choisir, acheter, payer, avec le télé-achat, le télébanking, etc. L'internaute – qu'il s'agisse d'un consommateur ou d'un acheteur dans une entreprise – cherche des informations sur les sites. Il passera de plus en plus à une phase de sélection et de comparaison de produits, puis de commande et de paiement. Ce faisant, en organisant ses choix, en comparant, il rend le système plus concurrentiel. Ensuite, en passant commande, il saisit lui-même l'information qui sera traitée. Il fabrique le bon de commande, le ticket de caisse, organise la livraison. Naît ainsi le « Straight through processing » (STP), traduit en français par « processus de bout en bout », où le demandeur remonte la chaîne de distribution, la modifie donc, affectant aussi les processus de production.

Avec le développement de l'acheteur en ligne pour les biens de consommation alimentaire, pour les produits financiers et d'assurance, de transport et de loisirs, une économie considérable de coûts se joue. Ce consommateur-acteur entre lui-même ses données et ses choix, il contourne le guichet, passe le magasin. Il se saisit directement de ce qu'il veut, le paye, en pilote le transport. Ce faisant, il organise de façon plus régulière une partie de ses actes les plus répétitifs : l'ordinateur se souvient des listes régulières de courses ou de demandes. Cet acheteur livre plus d'informations à son distributeur. Il contribue à une meilleure connaissance des clients ; il lui permet de piloter plus finement des offres nouvelles et de creuser l'écart vis-à-vis de ses concurrents. Les effets de ce déplacement consommation-production sur les activités de production et distribution sont massifs. Les hypermarchés, lieux péri-urbains de présentation et de stockage, où le client menait l'acte de consommation-production (sélection, transport), sont contestés. Des unités plus petites en centre-ville, couplées à des organisations logistiques nouvelles (notamment de livraison), peuvent prendre leur part dans la démarche. Les activités de consommation les plus abstraites auront moins besoin de réseaux de distribution physique et de centres de traitement. Si l'on saisit désormais sa liste de biens, on saisira bientôt sa commande de produits de loisirs et d'assurance, puis sa demande de prêt, en attendant des demandes à sa mairie, ou sa déclaration d'impôt. Que deviennent alors les investissements physiques et les emplois liés aux anciennes organisations de consommation et de production ? Les logiques d'explication, d'aide à la décision, voire d'expérimentation, vont changer et se déplacer. Elles iront dans des « Mail Centers », des « Call Centers », où s'industrialisera une part croissante du travail, où se structureront les informations, et d'où s'animera le système productif.

Les entreprises qui n'auront pas réagi à temps, pas capturé assez de clients pour les fidéliser dans ces nouveaux rapports de consommation-production sont en danger. Des emplois, des territoires, sont en jeu. Quand la consommation devient plus directement productive, quand le client pilote plus directement l'acte de consommation, notamment en informant directement la production sur ses souhaits, il change la chaîne traditionnelle d'intermédiation et de traitement des informations, de division des tâches entre « Front Office » et « Back Office ». En même temps, il induit des systèmes de production plus automatisés et formalisés puisque l'information de consommation aura été structurée, à la saisie, de façon à être plus directement productive.

Toute consommation est production : l'identité de Marx demeure. La demande solvable anticipée guide à court terme la production : Keynes a plus raison que jamais. Mais les rôles de direction, de structuration et de polarisation de l'information, en remontant depuis la consommation finale vers la production, sont les nouveautés pratiques et fondamentales d'aujourd'hui. Les interfaces traditionnelles vont changer, les pilotages d'usine se modifier et les logiques de localisation se bouleverser.

4 – L'armée et l'air, le chèque et le syndicat *

La gratuité des chèques conduit à les utiliser très abondamment alors que d'autres moyens de paiement équivalents, moins coûteux à traiter, sont disponibles ; elle oblige les banques à sur-tarifer d'autres services

Un bien public est un bien dont la consommation par un individu n'empêche pas la consommation par d'autres ; pas plus qu'il ne réduit la satisfaction que cette consommation leur procure. La défense nationale ou l'air pur, pour éloignés qu'ils soient, constituent deux exemples parfaits de ce type de biens dont l'importance pour la société est tout à fait considérable. Mais, en pratique, il existe peu d'exemples de biens publics aussi « purs » que ceux-là : on a plutôt affaire à des biens dont les caractéristiques se rapprochent de la définition des biens publics. C'est le cas des infrastructures de transport (chemins de fer, lignes aériennes, autoroutes) ou de communication (courrier postal, télécommunications).

L'utilisation ou la consommation de ces biens par un individu ne limite pas, ou peu, l'utilisation ou la consommation de ces mêmes biens par d'autres. Si l'on continue l'inventaire, on peut noter que l'existence de syndicats est probablement aussi un bien public.

De même, l'ensemble des moyens de paiement pourrait s'y apparenter. En effet, l'utilisation de ces moyens de paiement par un individu empêche très peu (pas ?) d'autres personnes de les utiliser. C'est presque l'inverse qui se produit : plus les individus utilisent, par exemple, les chèques, plus ceux-ci sont acceptés par les commerçants et plus il est alors possible de les utiliser. De même, plus les salariés ont recours aux syndicats, plus ces derniers sont puissants et plus leur intervention apporte une satisfaction importante à la vie sociale.

C'est à ce stade qu'intervient le double problème de la facturation de ces biens. Premier problème posé : faut-il les payer ? Deuxième problème : si oui, qui va les payer, sachant qu'ils jouent un rôle important et positif pour tous ? À la première question, la réponse est oui. En effet, l'utilisation d'un bien, public ou non, génère un coût pour celui qui le produit et procure une satisfaction privée à l'usager.

---

* 9 mars 1999

Dans ces conditions, il n'y a pas de raisons pour ne pas faire payer le service rendu. Mais qui va le payer ? La réponse est simple : soit on ne peut pas identifier les bénéficiaires, soit on le peut. Si on ne peut pas, lorsque l'utilité privée qu'apporte la consommation d'un bien public est difficile ou très difficile à mesurer (le meilleur exemple est celui de la défense nationale), alors la prise en charge du coût est généralement assurée par la collectivité au travers de la collecte des impôts et taxes. Dans cette situation où le coût des biens publics est socialisé, il faut s'assurer constamment de l'efficacité des systèmes et des structures de production. La paix civile a un prix, mais aussi un coût, et il est normal de vérifier l'efficacité des organisations de police et de justice. Autrement, la « demande » de ces biens croît, avec les effets pervers que suscite leur financement en pesant sur la compétitivité, la croissance et l'emploi. La santé constitue un autre exemple. Elle n'a peut-être pas de prix, mais elle a sûrement, elle aussi, un coût. Surtout, ses bénéficiaires peuvent être mieux connus que ceux de l'air pur ou de la bonne justice. Il est ainsi tout à fait rationnel de la faire payer – même si, évidemment, c'est là un domaine où la solidarité a une place essentielle – et de contrôler que les hôpitaux, les cliniques et les médecins optimisent dans leurs pratiques le rapport coût-avantage.

Ainsi, si on peut mesurer cette utilité privée, le paiement sur la base de l'usage qui en est fait est logique. Pour cette même raison, les autoroutes ont des péages, les places de train sont payantes, les lettres doivent être affranchies, les frais médicaux sont payés en partie directement et en partie par les prélèvements. Si ces biens publics étaient gratuits, l'offre de certains d'entre eux serait surdimensionnée (les réseaux de chemin de fer, le réseau électrique, les centraux téléphoniques), ou alors n'existerait simplement pas (les syndicats), ce qui engendrerait un gâchis de moyens et/ou une perte sociale dont la société pâtirait dans son ensemble. De la même manière, même en admettant que les moyens de paiement ressemblent à un bien public, cela ne signifie pas pour autant que leur usage doit être gratuit. L'exemple de la gratuité des chèques est, à cet égard, significatif : elle conduit à les utiliser très abondamment alors que d'autres moyens de paiement équivalents, de surcroît moins coûteux à traiter, sont disponibles ; elle oblige alors les banques à sur-tarifer d'autres services.

Pour les syndicats, la situation est intermédiaire : leur financement sera assuré simultanément par la collectivité (obligation des entreprises d'une certaine taille de fournir des moyens aux syndicats présents en leur sein, aides indirectes de la part de l'État) et par les usagers (cotisations des adhérents). De façon générale, le caractère de bien public requiert d'abord une analyse précise, mais aussi une gestion précise. Rien ne serait plus dangereux, au nom d'une logique sociale, que de sous-estimer la logique économique. Comme toujours cette dernière ne manquerait pas de se venger, et c'est évidemment le social qui en souffrirait.

5 – Quand le ROE est roi *

Un « return on equity », alias le taux de profit, à un niveau de 15 % est un outil macro-économique qui ne dit ni son nom ni tous ses effets

Depuis quelques années, le ROE, le *return on equity*, alias le taux de profit, c'est-à-dire le rapport entre résultat net et fonds propres, est l'outil proclamé des choix des entreprises. Il faut restructurer et croître, acheter et vendre, absorber et essaimer, pour augmenter le ROE ; les actionnaires se plaignent d'un ROE insuffisant ; il faut diviser l'entreprise pour libérer les énergies, faire apparaître les vrais points forts et faibles et accroître toujours le ROE... Bref, le ROE est but et mesure de tout.

Cette évolution vient :

– du rôle, devenu essentiel, des actionnaires dans les décisions. Ils veulent résultats et explications. Ce ne sont plus les propriétaires de la fin du siècle dernier qui possédaient, savaient et risquaient (comme l'a expliqué l'économiste autrichien Joseph Schumpeter). Ce ne sont plus les managers du début de ce siècle qui ne possédaient pas, savaient, risquaient et faisaient en sorte que ceux qui possédaient, émiettés, ne sachent pas (comme l'a montré l'américain James Burnham) ;

– du rôle, devenu dominant, de la conception anglo-saxonne (et de ses fonds de pension et de placement qui en sont le bras armé) où la rentabilité du capital est le seul parangon (*benchmark*) des allocations de ressources entre entreprises et au sein des entreprises. Cette rentabilité est à la fois explicite, normée (c'est 15 %) et à court terme (on « donne » un ou deux ans pour l'atteindre). Ces fonds, en concurrence entre eux, analysent, comparent, et décident, pour faire « créer de la valeur ».

Une telle norme de rentabilité demandée de 15 % conduit à de nombreuses critiques et surtout à d'importants effets qui ne sont pas tous évidents. Citons en quatre.

D'abord, la recherche du résultat peut fausser le calcul. La comptabilité peut ainsi sous-estimer des pertes futures (sous-provisionnement) ou des charges futures (formation, restructurations, renou-

* 4 mai 1999

vellement de matériels...). Si cette barre des 15 % peut être recherchée dans le cadre du cœur de métier de l'entreprise avec des réaménagements d'organisation et des réductions de coût, elle peut l'être aussi, et plutôt, selon des choix plus risqués (pays instables, clients moins sûrs, activités nouvelles).

Ensuite, ce taux est par construction une division, rapportant un résultat à un engagement long de fonds. Le résultat, porté au numérateur, peut être temporaire voire surévalué, tandis que les fonds engagés, au dénominateur, peuvent être réduits. Ainsi, le recours à l'emprunt peut diminuer les capitaux propres nécessaires et, si le taux de profit brut dépasse le taux de l'intérêt (ce qui est actuellement, très souvent le cas), il y a avantage à faire jouer l'effet levier. Le ROE pousse donc à l'endettement. Si des projets suffisamment rentables ne sont pas trouvés, notamment dans l'achat d'autres entreprises, ce niveau de ROE pousse les dirigeants à rendre le capital aux actionnaires par un « superdividende » (Unilever) ou bien l'entreprise à racheter ses titres (banques américaines). Un ROE supérieur au taux de l'intérêt, c'est plus de dettes et moins de capitaux, donc une situation potentiellement plus fragile. En cas de difficulté (ralentissement conjoncturel, moindre crédit bancaire, tension sur les marchés financiers...), c'est sur les fonds propres que se payent les pertes. C'est bien alors l'engagement des actionnaires et son importance absolue qui évitent ou réduisent les effets de faillite en chaîne. *A contrario*, des actionnaires qui risquent peu dans une structure très endettée peuvent se dégager rapidement et sont donc plus versatiles. Or, de plus en plus, les entreprises modernes, pour des raisons de financement d'équipements, de logiciels, de création de réseau, de formation de capital humain, de normalisation interne (en théorie : « les investissements de forme ») nécessitent une masse importante, régulièrement croissante de ressources.

En troisième lieu, le ROE de 15 % est un outil macro-économique qui ne dit ni son nom ni tous ses effets. Il conduit les capitaux d'épargne à se porter vers la Bourse (avec risque de bulle financière) et va mener les États, autrefois absorbeurs essentiels d'épargne, à être plus efficaces dans leurs investissements et moins gourmands en ressources (avec risques sociaux). En effet, si l'on considère que 4 % est la prime normale (historique) de risque sur les actions, il est théoriquement équivalent de placer 100 en titres publics français réputés sans risque à 4 % ou dans des actions qui en rapportent 8 % (4 % de taux sans risque plus 4 % de prime de risque action). Mais il reste alors un écart inexpliqué (c'est tout l'art du manager) de 7 %

avec le ROE promis à 15 % (15 % moins 8 %) : l'action surclasse, et de loin, l'obligation. Il va donc y avoir concurrence croissante de rémunération entre placements privés (qui promettent 15 %) et publics (qui annoncent moins du tiers). Sauf si les États développent des produits garantis (obligations à taux réel, fiscalité) et s'ils réduisent leur déficit.

En dernier lieu, dans des économies qui croissent de 3 % à 5 % en nominal, il est évidemment impossible d'imaginer que la rentabilité du capital engagé progresse du triple sans qu'un jour, évidemment lointain, « le profit n'absorbe le produit », pour reprendre l'inverse de la prévision ricardienne (« le salaire absorbe le produit »). En réalité, ce 15 % affiché comme norme ne peut être que l'objectif et l'aiguillon de ceux qui vont, les premiers, capter des marges de position en achetant leurs concurrents, se donnant ainsi le moyen de les payer en « papier » (par échange d'actions) et non en liquide. C'est bien pourquoi le ROE, promis à 15 %, escorte l'euro, car il est le moteur des achats de parts de marché, des espoirs de réalisation des économies de structure à l'aval, de pression sur les coûts en remontant vers l'amont et aussi la légitimité du financement par échange de titres. Bref, l'objectif et le moyen. Un jour viendra, évidemment, où le ROE ne pourra continuer à ce niveau. En attendant, 15 % est le chiffre de notre mutation. Pour le meilleur… et pour le reste.

6 – L'effet fonds *

De nombreux fonds exigent 15 % de taux de profit

Voilà longtemps que le pouvoir n'est plus, en France, détenu par les deux cents familles, ces plus gros actionnaires de la Banque de France qui pouvaient s'asseoir dans la Galerie dorée, lors de l'Assemblée générale. Ce pouvoir, mondial désormais, est celui des deux cents fonds qui gèrent les épargnes confiées pour leur retraite ou leur assurance-vie par des millions de personnes, notamment américaines. On connaît ainsi Fidelity, qui détient plus de 800 milliards de dollars, les Teachers (professeurs) de New York (250 milliards), les employés de Californie (200 milliards)...

On peut se demander si ces nouveaux détenteurs du pouvoir, ou plutôt leurs mandataires, sont à l'origine d'un capitalisme plus calme, plus patient, que le capitaliste sanguin décrit par Keynes. Ce n'est pas si sûr, puisque le premier concept brandi est le taux de profit minimal, le *Return on Equity* (ROE). De nombreux fonds demandent 15 % pour entrer dans une société. Il faut pour cela que les années passées en aient fourni la preuve ou, mieux encore, que la stratégie pour le futur ouvre à un tel résultat. Mais 15 % n'est pas facile : si l'on étudie les séries longues, on note que la rentabilité réelle des actions a été aux États-Unis de 7,2 % de 1925 à nos jours, ce qui reviendrait actuellement à un taux nominal de 10 %. Question : comment accroître d'un tiers la rentabilité du capital ? Pour répondre, il faudra examiner le portefeuille de la firme, voir les fonds propres qu'elle consacre à chaque activité, et la rentabilité qu'elle en tire.

Ce diagnostic peut faire apparaître du capital sous-utilisé, rapportant au-dessous des 15 % demandés. Il faudra donc réagir : accroître le chiffre d'affaires, diminuer les coûts ou, si rien n'est suffisant, céder l'activité qui rapporte moins. La firme retrouvera alors soit des titres d'une autre société, qui devraient lui rapporter plus (et normalement 15 %), soit des liquidités. Elle les investira dans certaines de ses activités restantes, ou dans de nouvelles, ou, faute de mieux, les rendra à ses actionnaires.

On ne peut pour autant oublier que le taux de profit s'analyse comme le taux de l'intérêt des obligations d'État (censé intégrer le risque d'inflation) plus la prime de risque des actions sur les obliga-

---

* 7 décembre 1999

tions (censée intégrer le risque d'entreprise). Or, sur cent cinquante ans aux États-Unis, cette prime est environ de 3 %. Nous retrouvons donc les 10 % vus plus haut. Et la question devient : comment accroître d'un tiers la rentabilité du capital et la faire sortir de sa tendance séculaire ?

Parallèlement, comme l'inflation a baissé, le taux d'actualisation des revenus futurs a, lui aussi, baissé. À 5 % ou 6 %, les revenus lointains, à dix ans, pèsent donc dans les calculs près de deux fois plus qu'avec un taux à 10 % ou 11 %. La question se complique donc : comment accroître d'un tiers, et sur longue période, la rentabilité du capital ? La réponse économique ne peut qu'être : en prenant plus de risque.

Mais le paradoxe de cette prise de risque supplémentaire est qu'elle passe quasi logiquement par l'investissement dans les activités déjà les plus rentables. La rentabilité récurrente passe d'abord par la capacité à servir de façon plus rentable les clients actuels, et donc à optimiser les processus de production. Ce sont les économies d'échelle. Classique. Vient ensuite la capacité à vendre plus de produits en même temps à un même client : économies de gamme.

Économies d'échelle et de gamme ouvrent aux économies d'envergure. Possible, avec les technologies actuelles de l'information. Mais toutes les entreprises sont invitées, dans leur secteur, à agir de même. La recherche du profit supérieur, dans un univers où l'on demande de voir plus loin et donc de développer des stratégies différenciantes, passerait ainsi par des choix semblables ! Il est deux façons de comprendre ce processus :

– la première est qu'il s'agit d'une attitude au mieux. Dans un monde incertain, la solution commode consiste à reprendre ce qui a marché. À court terme (seulement), elle n'entraîne pas de surinvestissements massifs et peut être expliquée aux fonds comme pleine de sagesse. Le risque supérieur qui naît des 15 % ainsi recherchés est en partie gommé,

– la seconde est qu'elle accroît le processus concurrentiel en polarisant le capital vers les réseaux de distribution. Il s'agit d'aller vers le consommateur, source de valeur ajoutée supérieure et récurrente dès lors qu'il est mieux connu, cerné, servi ; mais aussi de construire des réseaux d'information-distribution autour de lui, et de bénéficier des externalités positives de réseaux (plus de clients, plus de produits, plus de clients insérés).

Mais il n'est pas sûr que cette norme de 15 % soit récurrente, ni qu'on pense qu'elle le soit. Elle donne cependant, et c'est là son secret, la capacité de réaliser des OPE (échanges d'actions fondés sur des comparaisons de ROE futurs) à la place de paiements en liquide. Elle concrétise ainsi des économies d'envergure, crée des réseaux. Elle est le moyen conventionnellement admis de la concentration en cours, de l'appréciation des prix d'actifs sans (presque) bourse délier. Elle accroît en fait l'instabilité du système en induisant une dynamique imitative. Keynes souhaitait l'arrivée de fonds de pension. Il pensait qu'ils permettraient des taux de profit plus bas, tout aussi efficaces. Nous n'y sommes donc pas. Calmons le jeu pour éviter le risque d'une euthanasie des capitalistes, désormais salariés épargnants ou en retraite.

7 – Finance et activité *

La productivité du capital est renforcée par un système financier qui alloue efficacement les ressources. Les analyses microéconomiques montrent aussi l'intérêt de la finance pour la croissance, car la pression des actionnaires ou des prêteurs aiguillonne l'investisseur. Mais un monde qui va plus vite est aussi plus risqué. Il faut mettre en place le bon niveau de régulation et de protection.

Les structures financières (banques, établissements de crédits, Bourses...) jouent-elles un rôle important dans la croissance ? Non, pas du tout, dans un modèle néoclassique pur, car les marchés réalisent les transactions sans leur aide : une information parfaite circule, sans intermédiation et donc sans coût. Oui, bien sûr, pour Josef Schumpeter, qui souligne, en 1911, le rôle déterminant des banques dans l'identification et le financement des investissements productifs. Non, pas vraiment, selon Joan Robinson en 1952, pour qui c'est la croissance économique, mise en œuvre par les entrepreneurs, qui importe : « Où l'entreprise avance, la finance suit. »

Pour autant, le débat entre schumpétériens et robinsoniens n'est pas du tout académique. Les nombreuses tentatives pour faire évoluer les systèmes de financement en sont la preuve. Qu'il s'agisse d'améliorer les structures financières américaines, de renforcer les organisations bancaires des pays émergents, et bien sûr de la stratégie européenne de création de produits, marchés et organismes financiers européens. Un point qui, avec l'arrivée prochaine de l'euro fiduciaire, est plus que jamais à l'ordre du jour.

Le rôle de la finance dans la croissance se trouve tant dans la théorie de la croissance endogène que dans les modèles microéconomiques sur la firme bancaire et les marchés financiers.

Au niveau global, dans le modèle de la croissance endogène, où institutions et structures jouent un rôle-clé, la productivité du capital est renforcée par un système financier qui alloue plus efficacement les ressources. Mais ce système est coûteux, car il s'agit de collecter de l'information, de l'analyser, puis de proposer des choix.

---

* 18 avril 2001

Cependant, ces structures, qui classent et organisent, permettent de créer des portefeuilles de projets où le risque est partagé ; la capacité d'agir et de prendre des risques est donc plus importante que celle ouverte aux individus isolés.

Tout investissement conduit à transformer des actifs liquides en actifs illiquides, ce qui est évidemment risqué, et donc fait de manière mesurée par les agents individuels. En regroupant des ressources éparses pour les investir, les structures financières leur conservent une liquidité (car les agents, hors crise aiguë, ne vendent leurs titres ni ne vident leurs comptes bancaires en même temps !), tout en les transformant en actifs plus risqués et plus rentables, c'est-à-dire plus porteurs de croissance.

Bien sûr, cette fonction a un coût, celui même des organisations bancaires et des marchés (main-d'œuvre et achats divers, qui se manifestent par les commissions et les écarts entre taux débiteurs et créditeurs). Mais ce coût est constamment réduit par les processus concurrentiels qui secouent les marchés financiers eux-mêmes, tandis qu'il est inférieur aux avantages que ces systèmes procurent.

Les analyses microéconomiques montrent aussi l'intérêt de la finance pour la croissance, car la pression des actionnaires ou des prêteurs aiguillonne l'investisseur. Elle le pousse à rechercher les meilleures opportunités, à ne pas utiliser seulement son autofinancement mais à aller au-delà, à mobiliser plus de ressources pour créer davantage de richesses, et à combiner fonds propres et dette pour accroître la rentabilité des fonds propres (mécanisme de l'effet levier). Le prix à payer, bien sûr, c'est que cette croissance plus forte peut s'avérer plus instable, avec hauts et bas boursiers, réussites fortes et échecs. Mais la croissance du tout est supérieure.

Comment, alors, donner plus de place aux produits financiers et aux structures qui les promeuvent ? Fondamentalement, en incitant d'un côté les ménages à en détenir davantage (fonds de pension, produits de retraite et d'assurance, produits de placement divers), tandis qu'il s'agit d'un autre de renforcer la concurrence entre structures et organisations financières. Le cas est clair pour les pays développés, où le système de financement est de plus en plus sous pression, avec l'idée qu'il en devient plus efficace.

Il ne s'agit plus de protéger le système de financement, comme dans les années 1960, où le crédit (souvent régulé) était le moteur d'une économie administrée. Ainsi, dans la construction européenne, l'on passe d'un système où le droit attaché au produit financier est moins celui du pays où il se consomme, et plus celui où il se produit. Voilà pourquoi s'internationalisent les produits d'assurances ou de dépôt, les crédits et les actions, et s'érodent les particularités locales (notamment fiscales).

Quels effets ont ces mouvements de financiarisation, de globalisation, de réduction des spécificités financières ? Ils fragilisent d'abord les situations acquises et les rendent plus contestables. Ils conduisent les entreprises financières et les marchés à être plus efficaces, c'est-à-dire moins chers pour un meilleur service. Ils poussent à la concentration, pour chercher des économies d'échelle, à des conglomérats de banques et d'assurances pour étendre la palette des produits offerts et servir plus de clients, mais aussi à des spécialisations plus fines. Les marchés de financement deviennent ainsi, à la fois, plus globaux et interdépendants, plus réactifs et concurrencés.

Les nouvelles technologies de l'information et de la communication poussent dans ce même sens, avec le e.banking et une désintermédiation plus accessible. Elles offrent aux entreprises, ménages, artisans... la possibilité de placer plus facilement leurs ressources et/ou d'en obtenir plus facilement et à moindre coût. Ceci pour le plus grand bienfait de la croissance et de l'emploi.

Mais que l'on n'oublie pas pour autant que ce monde qui va plus vite est aussi plus risqué. Et qu'il faut donc mettre en place le bon niveau de régulation et de protection. Ni protection maximale, ni jungle, où l'acheteur n'a qu'à savoir et s'en prendre à lui-même. C'est par la tension entre ces deux positions antagoniques que s'organise le cadre de l'interaction croissance-finance. Pour plus de croissance, avec une meilleure finance.

8 – Mariages d'entreprises *

Il est abusif de traiter l'entreprise comme un tout : ses activités ne se prêtent pas de la même façon aux effets d'échelle. Certaines bénéficient de la taille, d'autres peu ou pas. Le mariage creuse en fait les écarts entre métiers, fonctions, zones d'activité...

Actuellement, nous vivons une rare période de consolidation financière, d'achats et de ventes de sociétés. Il y a à cela trois raisons majeures. D'abord, l'économie américaine arrive en fin de cycle. Outre-Atlantique, il s'agit d'afficher, encore et toujours, de bonnes rentabilités, via des restructurations. L'argent continue de s'intéresser aux grandes capitalisations, même chères, car les institutionnels « achètent l'indice », c'est-à-dire l'ensemble des valeurs qui figurent dans le Dow Jones ou sur le marché du Nasdaq. Du coup, ces valeurs montent, ce qui permet de payer les mariages en papier (échange de titres) et pas en argent liquide (ce qui ne serait plus possible).

Ensuite, nous sommes confrontés à des crises dans les pays émergents et à des difficultés majeures dans les entreprises traitant des matières premières ou des produits où la variable prix est très importante (ciment, etc.). Ces mouvements entraînent à la fois une baisse de la valeur des entreprises (plus vulnérables à des rachats) et une chute des prix des produits, forçant à réduire absolument les frais généraux.

Enfin, l'euro. La transparence (probable) des prix dans l'Euroland impose d'abandonner un point de vue strictement national et nécessite de constituer des réseaux de distribution pour l'Europe en se renforçant d'abord sur son territoire, pour ensuite s'étendre. Disposer d'une part de marché supérieure permet de mieux négocier les prix en amont et d'optimiser les structures logistiques.

Derrière ces motifs spécifiques, on voit bien ce qui pousse constamment et plus généralement les entreprises à grandir :

– gagner de l'argent en réduisant la part relative des frais de structure, de recherche, de publicité, d'informatique... Ce sont les fameuses économies d'échelle (quand l'échelle de production augmente, certains frais croissent beaucoup moins, voire restent les mêmes) ;

---

* 2 février 1999

– gagner de l'argent, régulièrement, en augmentant les lieux d'activité, le nombre de clients, de secteurs… et donc en réduisant le risque localisé de perte, de ralentissement conjoncturel. C'est l'effet de diversification, c'est-à-dire de meilleure répartition statistique des risques dans un plus large portefeuille. À cela s'ajoute l'effet de marque, actif immatériel de la firme qui est d'autant plus valorisable (et valorisé) qu'il concerne un plus large public ;

– gagner de l'argent et empêcher un concurrent d'en gagner en acquérant tel partenaire (c'est-à-dire une nouvelle part de marché). Cela pousse le concurrent soit à acquérir à son tour une entreprise, soit à organiser son propre développement à partir de rien (ce qui est en général plus lent, plus cher, et surtout plus risqué). C'est l'acquisition d'un bien économique rival ;

– gagner de l'argent grâce à des capitaux bon marché prêtés par le banquier (ou le marché), pour autant, évidemment, que le prix d'acquisition soit raisonnable.

Mais la littérature économique souligne depuis longtemps les risques d'une telle aventure. Ainsi, un mariage n'entraîne pas forcément des économies d'échelle : d'un côté, il faut restructurer, réduire les équipes, organiser des départs, et, d'un autre, maintenir (mieux encore : accroître) le moral des troupes et faire cohabiter des cultures différentes.

Il y a de nombreux coûts sociaux, techniques, organisationnels à assumer. L'étendue de ce qu'un certain nombre de responsables doit contrôler s'accroît, avec des risques de panne, d'erreur, de défaut de vigilance. Puisque la taille de l'unité augmente, elle pourra se révéler moins réactive. Ses coûts de gestion, de management augmentent. Elle peut aussi être plus exposée à un risque : risque lié à un fournisseur, par exemple, qui se répand sur une plus large échelle (voir ainsi le risque de dépendance des équipementiers vis-à-vis de leurs sous-traitants). Mais le risque de marché est peut-être plus important encore que le risque d'organisation : il n'est pas du tout sûr que les clients soient tous au rendez-vous et que la part des marchés soit l'addition des deux parts antérieures. Il y a ainsi des clients qui étaient déjà clients des deux entités. Il y a des clients de l'un qui ne veulent pas l'être de l'autre. Enfin, il y a des clients qui souhaitent diversifier leurs fournisseurs (produits, conseils, services, placements…) et qui iront donc voir ailleurs.

« Déséconomies » d'échelle, risques de dépendance, risque de marché, risque de « moral des troupes » : il n'y a pas de recette miracle et beaucoup de mariages se passent mal. Il faut ajouter qu'il est abusif de traiter l'entreprise comme un tout : ses activités, les chaînons de la fonction de production, ne se prêtent pas de la même façon aux effets d'échelle. Il y a des activités qui bénéficient évidemment de la taille, d'autres peu ou pas. Le mariage creuse en fait les écarts entre métiers, fonctions, zones d'activité...

Voilà pourquoi les marchés financiers regardent avec un œil critique exacerbé les fusions annoncées : ils savent que l'on en sous-estime toujours les coûts et les aléas, et que l'on en surestime bien souvent les résultats. Ils savent aussi que ces mariages se passent avec une base plus faible en capital-argent libre (*free cash-flow*), pourtant indispensable lorsqu'il s'agit de réagir à la conjoncture, à une difficulté spécifique, à une innovation structurelle. C'est la métaphore bien connue du boa : l'animal est fragile après avoir mangé, tandis qu'il digère en sommeillant.

Mais la grande nouveauté est le risque croissant que fait peser actuellement sur les mariages l'anticipation de leur succès. Tout mariage se doit de créer de la valeur et, grâce aux restructurations qui s'ensuivent, se doit d'accroître la rentabilité du capital des investisseurs. Le prix social à payer, à court terme, se trouve normalement compensé, à terme, par les améliorations d'ensemble du système.

Mais si, comme on le voit actuellement, les Bourses flambent à l'annonce de n'importe quelle rumeur d'un éventuel rapprochement, les prix des transactions augmentent partout. La rentabilité supérieure à réaliser sera donc beaucoup plus difficile à obtenir – et cela alors que les marchés internationaux fixent déjà la norme de rentabilité à 15 %. En d'autres termes, le prix social du mariage croît, et donc son risque total, en liaison directe avec son prix financier... traduction de l'espoir qu'il fait naître.

9 – Découpages d'entreprises *

> *Le dirigeant de l'entreprise, avec sa comptabilité et sa stratégie, se veut un organisateur de métiers, un découpeur interne de domaines et de ressources. Le marché financier, lui, veut voir, mesurer, comparer, pour choisir. Il s'interroge* a priori *sur les choix de l'entrepreneur et préfère constituer son propre portefeuille de valeurs, métiers aussi purs et efficaces que possible*

Une entreprise est un lieu où sont produits des biens destinés au marché grâce à des ressources acquises sur le marché : définition élémentaire. L'entreprise est donc une organisation qui vit entre les marchés, d'un côté ceux qui lui fournissent ses conditions d'existence (les *inputs*) et d'un autre ceux qui lui permettent, par la vente rentable de sa production (les *outputs*), ses conditions d'existence. En fonction des circonstances, évolution des conditions économiques en amont et en aval, l'entreprise pourra décider de s'intégrer vers le haut (pour accéder par exemple à la matière première), ou bien d'aller vers la distribution (pour profiter des marges finales) ou bien encore de sous-traiter telle ou telle de ses activités (et bénéficier ainsi des conditions de prix et/ou de qualité d'une autre unité plus grosse et/ou plus spécialisée). Dit autrement, l'entreprise est une organisation qui vit entre les marchés et dont les frontières sont constamment mouvantes. Pour mener à bien ces choix d'évolution de frontières, l'entreprise a besoin de comptabilité analytique interne et de stratégie. La comptabilité lui donne ses coûts d'ensemble. Ils correspondent à sa fonction de production, c'est-à-dire à ses coûts d'acquisition et de transformation, liés eux-mêmes aux produits acquis à l'extérieur de l'entreprise ou en son sein, dans le cadre de marchés internes. L'existence de frontières externes conduit en fait à l'instauration de frontières internes : délimitations commerciales, techniques… qui sont autant de métiers que la comptabilité va délimiter. L'entreprise est donc une organisation mouvante de métiers : elle choisit d'en développer tel ou tel, accepte la faible rentabilité de tel ou tel. C'est là le domaine de sa stratégie.

---

* 23 février 1999

Ce portefeuille implique nécessairement des subventions internes : telle activité naissante sera en perte, mais financée par une autre, plus mûre, qui ne requiert plus les mêmes investissements ; telle autre est faiblement rentable, ou moins rentable que la moyenne, mais jugée indispensable pour offrir une panoplie complète de prestations. Le portefeuille d'activités, de métiers, qui obéit à une logique de fonctionnement et de commercialisation, implique donc des subventions croisées dans la sphère de la production et des ventes croisées dans celle de la distribution. Nous sommes au cœur de l'entreprise, dans l'organisation privée de ses frontières, autrement dit dans sa stratégie de développement.

Mais le marché financier peut ne pas l'entendre de cette oreille. Il peut trouver que l'efficacité globale de l'entreprise est, à ses yeux, insuffisante et que les arrangements frontaliers internes sont des compromis qui ne créent pas assez de valeur. Il demandera alors, plus exactement ses intermédiaires actifs que sont les analystes action (les équipes d'*equity research*) demanderont, de plus en plus précisément, à connaître les fonctions de production et de coût par métier. Ils fabriqueront alors, toujours par métier, une logique économique d'ensemble sur une large plage de production, les *economics*, comme disent les consultants anglo-saxons. En étudiant volumes et profits, toujours par métiers, les experts du marché financier créeront des éléments de comparaison, des *benchmarks*. Le marché va alors considérer analytiquement l'entreprise comme un ensemble de métiers différents, s'interroger d'abord sur l'efficacité de chacun, ensuite sur la création de valeur qui naît de leur interdépendance (la fameuse synergie), enfin sur la qualité du portefeuille du point de vue de la dynamique des métiers. Le marché va ainsi demander quelles sont les cascades de résultats par type d'hôtel au groupe hôtelier, par type de banque au groupe bancaire, par type de réseau au groupe d'assurances, par type de modèle au groupe automobile… Il pourra alors juger que l'entreprise abrite trop d'activités et s'avère trop compliquée ou ne peut donner pleinement leur essor aux plus prometteuses. Il recommandera alors des coupures, des ventes, des spécialisations – bref des changements de frontières. Et, le plus souvent, toujours, il sera entendu.

À leur tour, ces changements permettent une meilleure lisibilité des performances et des choix. Le dirigeant de l'entreprise, avec sa comptabilité et sa stratégie, se veut un organisateur de métiers, un découpeur interne de domaines et de ressources. Le marché financier veut, lui, voir, mesurer, comparer, pour choisir. Il s'interroge *a priori* sur les choix de l'entrepreneur – qui sont sa négation en tant qu'organisation de création de richesses – et préfère constituer son propre portefeuille de valeurs, métiers aussi purs et efficaces que possible.

Vu de l'entreprise, ses frontières déterminent un ensemble de métiers qui sont la clef de sa croissance. Vu du marché financier, c'est un choix déjà fait qu'il faut, au moins, expliquer : l'entreprise lui paraît une sorte de Sicav opaque à prendre ou à laisser, alors qu'il préfère la constituer lui-même. Ce jeu permanent de frontières est donc accéléré par la dimension financière de la firme, de plus en plus forte comme le montre l'évolution du gouvernement d'entreprise (*corporate governance*). Cette accélération est structurelle : les capitalistes-propriétaires du XIXe siècle laissent la place aux managers du début du XXe siècle, qui laissent la place aux financiers purs (agents de change et autres gestionnaires de capitaux). Mais le plus difficile, dans ce domaine, est de conserver leur dynamique aux métiers, leur capacité de création, d'innovation. Un excès de financiarisation peut conduire à un excès de découpage qui freine la recherche de complémentarités, qui fragilise les équipes en les hyper spécialisant. On peut toujours rêver de découper et de faire des micro-unités pures, mais le client est complexe et unique.

10 – La logique de bouquet *

Il y a des filières de consommation, comme il y a des filières de production. Pour le consommateur, acheter une voiture, c'est chercher un produit, mais éventuellement aussi un garage, un financement, une assurance... En fait, un ensemble de prestations

Nous assistons à une remarquable restructuration des entreprises au niveau mondial. Le volume des *mergers and acquisitions* (M&A), fusions et achats, s'est élevé à plus de 400 milliards de dollars (380 milliards d'euros) au premier semestre. Il dépasse de 70 % celui de l'an passé pour la même période, qui était déjà un record. Ce mouvement s'alimente à trois sources :

– l'espace, d'abord, qui conduit les entreprises à s'adresser à des ensembles de clients plus vastes, avec des produits dessinés pour de plus grands ensembles. C'est ce qui se passe depuis longtemps aux États-Unis mais qui s'étend, de façon structurelle désormais, vers l'Amérique latine (avec notamment l'Accord de libre-échange nord-américain – Alena) et vers l'Asie, avec la phase de réorganisation que connaît la région. C'est évidemment ce qui commence à se passer en Europe, maintenant dotée, avec l'euro, d'une mesure unique de comparaison des prix et dépourvue de risque de change ;

– la technologie, ensuite, qui accélère les temps de préparation et de transmission des informations et des données, accroît les vitesses d'action et de réaction pour des prestations toujours plus complexes, mais avec des coûts élevés à répartir ;

– la rentabilité, enfin, aiguillon de plus en plus puissant des changements, parce que de mieux en mieux mesurée, exprimée, rehaussée (c'est le fameux *return on equity* – ROE –, à 15 %).

Dans un tel contexte, les mariages et restructurations sont une conséquence quasi mécanique, liée à la recherche d'économies d'échelle (répartition des coûts de structure sur une échelle plus grande de production), d'une meilleure couverture géographique, d'une meilleure répartition des risques... On sait aussi que ce type d'union recèle des risques (coût élevé de la matérialisation des économies d'échelle, coût croissant du contrôle, risques sociaux dans les grandes unités, risque de concentration du pouvoir, réactions néga-

---

* 7 septembre 1999

tives de clients...). Des experts expliquent que ces risques peuvent être réduits par les nouvelles technologies, qu'un meilleur suivi des activités, des résultats et des satisfactions peut être mené à des niveaux fins et permettre un meilleur pilotage, tant du côté de l'offre que de celui de la demande. Bref, les économies d'échelle seraient plus manifestes que jamais.

Pour autant, nous ne sommes pas vraiment sortis du modèle industriel, situé surtout du côté de l'offre. Nous n'avons pas réellement tiré toutes les conséquences qu'implique un plus grand nombre de clients en ce temps de nouvelles technologies. Or ce plus grand nombre veut dire une grande variété de besoins, ou plutôt de sortes de besoins, parce que la meilleure connaissance que l'on en a permet de mieux affiner les typologies de demandes, de comportements, et de liens entre demandes. Il y a, en fait, chez le consommateur, des filières de consommation, comme il y a des filières de production dans l'entreprise. Acheter une voiture, c'est chercher un produit, mais éventuellement aussi un garage, un financement, une assurance..., autrement dit un ensemble de prestations.

Or la pression concurrentielle conduit chaque offreur, dans une logique industrielle, à être excellent, en tout cas moins cher, dans un nombre de plus en plus réduit de prestations. C'est le fameux « métier » de la firme. Mais le client ne raisonne pas ainsi, étant quant à lui lié à une logique de besoins. Il a alors le choix entre retenir une sorte d'offreur majoritaire, certes pas adapté à tout ce qu'il recherche mais *grosso modo* convenable, ou bien faire son marché et se créer son bouquet de prestations. Cette logique de bouquet, tirée par la demande, repose sur une autre dynamique économique que celle des économies d'échelle : celle des économies de gamme, où l'offre de produits est d'emblée conjointe. Elle est évidemment moins coûteuse que l'offre séquentielle, elle est aussi meilleure en qualité si chaque constituant de la gamme est le meilleur pour le rapport qualité-prix. En théorie donc, une offre bouquet unissant les meilleures prestations devrait surclasser toute autre combinaison.

Pour que cela soit vrai, encore faut-il que le système d'offre soit adéquat, c'est-à-dire capable de passer d'un marketing produit à un marketing bouquet. Cela veut dire que l'entreprise dispose de bases de données adaptées (capables de réfléchir à partir de la notion de filière de consommation), utilisées par des commerçants ouverts à cette logique et capables de gérer des compétences multiples – plates-formes téléphoniques, consultation d'experts –, vendant ensemble les prestations traitées ensuite dans des unités différentes.

Ce modèle est extrêmement efficace. Il l'est d'abord financièrement, si l'on songe que le bouquet est extensible à des activités connexes, non concurrentielles les unes des autres, et qu'il est réglé par contrat, sans prise de participation élevée. La rémunération venant du partage de résultats, pour une mise de fonds réduite, procure un taux de rentabilité élevé. Il l'est ensuite commercialement, car cette logique d'économie de gamme, qui dissocie l'acte de vendre (groupé) de celui de produire (spécialisé), conduit à des appariements sélectifs, les meilleurs se rapprochant des meilleurs. Il l'est donc financièrement, à un deuxième niveau, car le processus qui est derrière le bouquet conduit chacun à une logique gagnante où il apporte son expertise, rémunérée, et peut ainsi poursuivre sa recherche d'économie d'échelle. Le bouquet gagnant voit croître assez vite sa part de marché, part qu'il sera très difficile de lui ravir (ce sera le bouquet des meilleurs) et aussi de lui contester (ce concept n'est pas celui que regardent les autorités de concentration).

Bien sûr, tout n'est pas facile dans cette logique. Elle suppose d'abord et avant tout que le contrat soit respecté, dans sa lettre et plus encore son esprit : c'est même le fond de l'approche partenaire par rapport à l'approche propriétaire. Bien sûr, elle n'est pas gratuite : il faut des investissements en informatique et en formation. Bien sûr, elle a ses limites, car le bouquet doit avoir une taille optimale : ni chétif, ni gerbe. Mais elle est aujourd'hui la seule alternative à la croissance propriétaire.

11 – Capitalisations boursières *

Accroître la valorisation d'une firme permet d'augmenter sa capacité d'acquisition, de se protéger ou de se vendre au mieux

La capitalisation boursière d'une entreprise est une fiction. Elle s'obtient à partir de la valeur du titre constatée en Bourse, multipliée par le nombre de titres. Autrement dit, la valeur d'une société n'est pas celle-là, puisqu'il n'est pas sûr, ni que tous les détenteurs de titres voudraient vendre à ce prix ni qu'un nombre suffisant d'acheteurs seraient disponibles pour absorber le volume offert à ce même prix. Il s'agit donc d'une lecture en temps réel, par le marché, des informations sur l'entreprise, qui intègre aussi celles sur le pays, la zone, le secteur, la Bourse dans son ensemble...

Le marché est constamment en train de calculer la valeur des entreprises. Pour ce faire, il ajoute ce qu'il pense de leur devenir normal (la somme actualisée de leurs résultats courants futurs), à ce qu'il en ignore (les options). Les mots ont leur importance. Il s'agit d'abord de pressentir les résultats courants, c'est-à-dire liés à l'activité de l'entreprise, hors éléments exceptionnels, en fonction de la conjoncture générale, du marché, de la concurrence, de la stratégie retenue... L'entreprise devra donc indiquer au marché, avec toujours plus de précision et de fréquence, ce qu'elle entend faire. Ses choix ne peuvent plus rester longtemps internes ni sans effets tangibles. Le secret et la patience ne sont pas les vertus cardinales des Bourses.

Ces résultats sont ensuite actualisés, c'est-à-dire convertis en monnaie du jour, alors qu'ils vont s'échelonner dans le temps. Le taux d'actualisation dit combien valent aujourd'hui, dans l'esprit des investisseurs, 100 euros attendus en 2001, 2002, 2003... Son point de départ est le rendement des obligations publiques, réputé intégrer les risques nationaux (inflation, qualité du management public...), auquel s'ajoutent la prime de risque du secteur et celle de l'entreprise qui incarnent le risque de non-réalisation des prévisions.

À cela, et c'est un élément moins connu, s'ajoutent les valeurs d'option réelles, c'est-à-dire une appréciation des possibilités qui peuvent s'ouvrir aux entreprises, au-delà des résultats courants anticipés et dûment actualisés. Ce sont les possibilités d'entrer dans une

---

* 14 novembre 2001

activité ou d'en sortir, d'acheter ou d'être acheté... Voilà pourquoi les entreprises parlent constamment aux marchés : de leurs résultats (trimestriels désormais), de ce qu'elles font et feront. Et, si nécessaire, c'est le profit warning, d'une évolution inférieure aux attentes. La sanction est aussi immédiate que violente, mais elle vaut bien mieux que le silence ou la mauvaise surprise.

La capitalisation boursière est donc l'estimation en temps réel d'un bien qui n'est pas réellement à vendre, à destination d'acteurs qui ne peuvent, ou ne veulent pas, nécessairement, le vendre ou l'acheter. Une mesure assez abstraite en somme, mais qui correspond à une vérité théorique : une entreprise n'est (en général) pas un actif liquide, au sens où elle pourrait être rapidement cédée sans perte de valeur. Et qui renvoie surtout à une réalité financière : dans un univers où la taille des entreprises ne cesse de croître, la croissance se fait relativement plus par échange d'actions que par paiement au comptant. C'est donc tout l'art des stratégies que d'accroître la valorisation de la firme, l'écart entre sa valeur comptable et sa valeur de marché, pour augmenter sa capacité d'acquisition, se protéger ou se vendre au mieux.

Voilà pourquoi toutes les firmes développent leur rentabilité (le ROE, return on equity, rentabilité de ses fonds propres) et veulent offrir une histoire, un track-record, satisfaisant. Pour cela, il faut évidemment que les territoires où elles se développent confortent leur rentabilité. Trop de charges et trop peu de croissance ici, et voilà leurs cours de Bourse dépréciés. Ailleurs, voici des groupes puissants, une économie qui accepte plus de flexibilité, qui nourrit même quelques champions nationaux pour se préparer aux mariages de demain, sans dilution de leur valeur. Car la capitalisation est le prix théorique d'une entreprise dont on connaît, aussi, la valeur comptable (l'actif net, actif total moins les dettes). Si celle-ci dépasse l'actif net, il apparaît qu'un euro de telle société vaut plus qu'un euro monétaire, et peut-être plus que celui investi dans une autre société. Le taux de change de l'entreprise apparaît ainsi, et l'on parle d'acquisition currency, par le rapport entre sa capitalisation et sa valeur comptable. Il permet à l'entreprise mieux valorisée d'en acquérir d'autres par le biais notamment d'OPE, peut-être plus grosses en termes comptables, mais moins appréciées. Voilà pourquoi la nouvelle économie valait tant et pouvait se permettre de racheter des mastodontes de l'ancienne. Voilà pourquoi le cours de Bourse est un souci croissant des dirigeants et, de plus en plus, des salariés.

II - LE MONDE, SEUL VÉRITABLE ESPACE DES STRATÉGIES

12 - Les commodités de l'internationalisation *

Sous l'effet de la concurrence, l'innovation disparaît, les produits deviennent banals

On le sait depuis *Les Précieuses ridicules :* chaises et fauteuils sont « *les commodités de la conversation* ». Ce que l'on sait moins, c'est que ce mot, anglicisé en « *commodities* », regroupe toutes les matières premières dont les prix sont internationalement cotés à Chicago, Londres ou New York. Ce que l'on sait moins encore, c'est que la commodité, *alias* le produit banal, est devenue notre lot, notre destin, notre risque surtout.

La « commoditization » résulte de la concurrence qui supprime les avantages spécifiques pour arriver à un prix mondial, valable pour tous, d'un produit générique. Les qualités particulières à tel ou tel produit sont alors appréciées par un écart, le « *spread* », qui procure, s'il est positif, une marge bénéficiaire constamment rognée sous l'effet de la concurrence et qui doit donc être constamment défendue et renforcée. Il y a ainsi des pétroles de qualités différentes qui se mesurent par rapport à un baril de brut WTI (*West Texas Intermediate*), des cafés ou des cacaos qui se comparent à une variété référencée.

---

* 29 juin 1999

La double dynamique, interdépendante, des prix est donc, d'un côté, celle des prix mondialisés de produits génériques (liée aux rapports offre-demande, avec une très forte influence des anticipations de marchés) et, d'un autre, celle des prix spécifiques (liée aux caractéristiques du produit, du pays, des systèmes de distribution).

Innovation-extension-« commoditization » sont alors trois étapes-clés de la vie d'un produit. L'innovation procure, un temps, un avantage spécifique. L'extension permet l'augmentation de la rente d'innovation (puisqu'il y aura davantage d'utilisateurs), mais elle suscite aussi des copies, des améliorations qui vont réduire l'avantage spécifique initial. Quand vient la « commoditization », l'innovation a disparu. Le produit sera devenu banal, « *plain vanilla* », comme disent les financiers.

Cette dynamique concurrentielle banalisatrice est particulièrement forte dans le domaine des produits manufacturés. Le savoir-faire, le tour de main s'effacent devant la réalisation à la chaîne de produits standardisés ; il y a une tendance à produire sur plus grande série, et plus loin. Mécanisation et robotisation fine d'un côté, baisse des coûts de transport de l'autre, font de la Chine, de l'Inde ou de Madagascar nos usines et nos ateliers. Là se fabriquent chaussures, vêtements, téléviseurs, jeux et jouets.

Le monde des services pourrait *a priori* résister à cette dynamique, puisqu'il offre des produits individualisés où l'apport humain est très important. Mais c'est oublier les processus de normalisation, de codification, qui vont décrire par le menu la chambre d'hôtel et son petit-déjeuner, la coupe de cheveux ou les différents supports de la relation financière ou commerciale. L'offre détermine alors une qualité, c'est-à-dire une variation maximale des prestations autour d'une norme inculquée dans l'entreprise. Bref, un ensemble de quantités. Ni trop peu – bien sûr – ni trop non plus, car le client doit payer le juste prix pour la juste commodité. Dès lors, la régularité escorte la qualité ainsi quantifiée et entre dans tous les processus de production, de transport, de distribution, de contrôle. Elle permet de prévoir besoins de financement et rentabilités, donc d'optimiser le capital engagé et de maximiser sa rentabilité nette (nette d'erreurs, de malfaçons, de provisions).

Cette « commoditization » qui balise et réduit le profit unitaire conduit à une double lutte interne au secteur :

– une lutte d'innovation, pour bouleverser (un temps) les processus de production-distribution et donc déprécier les investissements des concurrents ;

– une lutte d'extension, pour diffuser les prestations sur de plus grands espaces (économie d'échelle en aval : plus on est présent, plus on est connu, plus on vend), et pour renforcer la pression sur les prix d'achat (économie d'échelle en amont : plus on produit, plus les coûts unitaires baissent).

Mais cette internationalisation des biens (connue) et des services (qui l'est moins) ne laisse pas les concurrents sans réaction. On assiste alors à une double logique, externe au secteur cette fois : celles de l'« encapsulage » et de la spécialisation maximale.

L'« encapsulage » revient à intégrer un ensemble de prestations dans un ensemble plus large : la banque devient bancassurance tandis que l'assurance s'efforce de devenir assurbanque ; l'hôtelier devient restaurateur puis gestionnaire de circuits touristiques ; le coiffeur se fait conseiller en esthétique. Chacun élargit sa palette, chacun recherche dans son métier une épine dorsale (un certain rapport au client, un système logistique, un système d'informations...) qui pourra servir pour d'autres métiers.

La spécialisation maximale est le contraire de cette tendance. Puisque le profit est menacé par le processus complexité/imitation, tentons donc la spécialisation la plus forte, qu'il s'agisse du moins cher ou du nulle part ailleurs. Jusqu'au moment où l'inventeur solitaire deviendra franchiseur, dont créateur d'une norme de produits, de prestations, de qualité. Et la boucle reprend...

13 – Détruisez votre activité ! *

« Destroy Your Business » est une notion plus radicale que « concurrence interne », « auto-concurrence » ou même « cannibalisation », en ce sens qu'il s'agit d'aller au-delà de la remise en cause partielle, du réveil provoqué, de telle ou telle activité. La question est de repenser intégralement ce que l'on fait, et pourquoi, et comment

Un D pour « *Destroy* », un Y pour « *Your* », un B pour « *Business* ». Détruisez votre activité ! Supprimez votre emploi ! Et le conseil, américain, se poursuit : « *Before the others do it* », faites-le avant que les autres, les concurrents, ne le fassent à votre place. Mieux : le président de General Electric, Jack Welsh a donné à ses principaux cadres la tâche (et mission) suivante : « DYB.com », autrement dit « revenez me dire comment vous allez détruire votre propre travail au moyen d'Internet ». Voici l'objectif : se détruire ; voici l'instrument : le Net. Pourquoi ces méthodes ? Comment ? Avec quels effets ? Et, y a-t-il une traduction française à ce DYB ?

L'approche DYB, au-delà de son côté provocateur, a des fondements précis et des conséquences importantes. C'est, d'un côté, la fameuse « destruction créatrice » de Joseph Schumpeter, c'est-à-dire le processus qui allie la mort d'une activité à la naissance d'une autre et toutes les conséquences qui en résultent (la place laissée, la place à prendre etc.). C'est, d'un autre, l'idée de se l'inoculer. Au lieu d'être une déferlante qui courbe soudain les entreprises, comme à l'époque de l'économiste autrichien, avec des PME qui meurent, de grandes entreprises qui souffrent ou périssent, il s'agit de se préparer à la vague Internet.

L'innovation peut avoir, en effet, des effets systémiques sur les grandes unités d'aujourd'hui. La montée en taille et en complexité des entreprises fait croître leur fragilité, elle diminue leur réactivité. Leur crise peut propager une onde de choc sur d'autres, dans un secteur, une région, une Bourse. Il faut donc trouver, au sein de l'entreprise, davantage d'entrepreneurs.

---

* 28 mars 2000

Ainsi, l'idée que chaque responsable d'activité doit se demander comment il doit détruire ce qu'il fait, l'amène à penser que son devenir passe par sa propre destruction. Nous sommes au-delà de l'auto-concurrence, technique de gestion qui conduit, au sein de l'entreprise, à instaurer des pratiques de marché. Nous savons en effet, depuis l'Américain Ronald Coase, Prix Nobel d'économie de 1991, qu'il y a de bonnes raisons aux « limites de la firme ». Celles-ci marquent le domaine où il est plus efficace de produire et d'organiser soi-même que de recourir à des éléments acquis sur le marché. La taille de l'entreprise varie donc en fonction des avantages, nets des coûts, qu'elle a à fabriquer les produits, plutôt que de les acheter ou de les faire faire. Cette concurrence dans l'organisation est l'aiguillon interne, à côté de la concurrence dans l'offre, qui est l'aiguillon externe. Ceci afin que chaque entreprise, chaque unité ainsi mise en cause, pesée, testée, réduise ses coûts, son « gras interne », ce que les spécialistes de gestion nomment son « mou », son « slack ».

« DYB » est donc une notion plus radicale que « concurrence interne », « auto-concurrence » ou même « cannibalisation », en ce sens qu'il s'agit d'aller au-delà de la remise en cause partielle, du réveil provoqué, de telle ou telle activité. La question est de repenser intégralement ce que l'on fait, et pourquoi, et comment. Ainsi, l'idée demeure toujours que ce qui se vend correspond à un besoin, solvable souhaitons-le, rentable espérons-le. Mais les besoins de s'informer, manger, se reposer, se cultiver… voient leurs modes de satisfaction changer profondément, en même temps que les technologies. La faim est la faim, mais la faim qui se satisfait avec de la viande cuite, mangée avec fourchette et couteau, est une autre faim que celle qui avale de la chair crue en se servant des mains, des ongles et des dents, écrit Karl Marx dans son Introduction à la critique de l'économie politique. Et donc une faim bien différente de celle qui se satisfait avec un produit congelé, commandé par Internet, en attendant que le congélateur lui-même ne le fasse automatiquement !

Que devient donc la satisfaction du besoin de manger ? Et que devient donc le métier de la firme ? Le producteur de surgelés va songer bien vite à la création de son site Internet pour accroître sa notoriété et donc renforcer la place spécifique de ses produits, non plus en gondole, mais dans le congélateur domestique. Comment faire ? DYB ! Les idées doivent évidemment changer, au moment où les activités de chacun changent.

Mais où cela va-t-il nous mener ? Car tout le monde s'essaye au DYB. Ce n'est pas seulement le boucher qui vend des pâtes ou du vin, pour dépanner. Ni la grande surface qui développe ses rayons de parapharmacie, loisirs, parfums ou bijoux. Ni le journal qui ouvre un portail sur le Web, avec vente à la clé, et renvoie à d'autres sites où d'autres produits sont disponibles. D'un côté, le rapport au client change fondamentalement avec la bataille de la concurrence qui se mène, pour les produits, les prix, les réseaux, les technologies. Mais, d'un autre, le lien au client est le seul élément qui permette de résister et de rebondir en renforçant sa fidélité, c'est-à-dire l'acquisition ou la location d'un nombre croissant de prestations.

DYB donc, pour renforcer le contact client, la relation client, la valeur client, c'est-à-dire la valeur même de la firme, et cela en organisant le plus haut niveau de concurrence interne, afin d'en maîtriser et d'en récupérer, autant que possible, les effets. Cette logique, au fond simple, est la réponse aux nouvelles compétitions. Est-elle mise en œuvre en Europe ? Non, pas encore : ce sont plutôt la destruction et la désorganisation externes qui se manifestent (effets des offres publiques d'échange et de la demande de *Return on equity* – la rentabilité du capital). Dans les entreprises, les responsables n'ont toujours pas pris conscience des effets à venir de la vague Internet. Et les instances politiques et sociales encore moins. DYB va bouleverser les limites des firmes, des fonctions, des secteurs et des organisations. DYB donc... pour créer de nouvelles activités et occire les anciennes. C'est du Schumpeter, du Marx et du Coase, permis par l'euro et accéléré par la demande d'une rentabilité plus forte. C'est donc une mithridatisation à préparer, d'urgence. Oublions les « placebos » et les bonnes paroles.

14 – Le réseau du plus fort *

La révolution actuelle voit la logique de la demande l'emporter sur celle de l'offre

De plus en plus présente, Internet, la fameuse toile, tisse ses relations. Avec toujours plus d'internautes, mieux outillés et mieux servis, avec des liaisons capables de transporter plus d'informations, plus vite, moins cher, et peut-être même de façon plus sûre. Surtout, elle gagne l'Europe avec une vitesse de diffusion qui pourrait être encore plus rapide que celle que l'on a connue aux États-Unis. Effet de rattrapage permis par transfert d'apprentissage ? Effet de coûts marginaux devenus négligeables ? On voit des entreprises et des métiers naître, d'autres changer, d'autres souffrir, et d'autres mourir. Pourquoi, comment ?

La première chose à noter est que tout réseau, tout système de relations, obéit à une double logique : celle des offreurs, qui s'ingénient à proposer plus de produits et de services ; celle des demandeurs qui, en étant plus nombreux, valident les prestations offertes, permettent leur extension et la diminution de leur coût. La révolution actuelle est que la logique de la demande l'emporte sur celle de l'offre. Quand un téléphone portable est vendu aux premiers clients, il est le simple prolongement du système fixe. Quand de plus en plus de portables sont vendus, ils donnent naissance à un nouveau réseau qui ouvre d'autres possibilités d'informations, de messageries. Internet permet d'abord de véhiculer des informations et des messages classiques, puis suscite des produits spécifiques (par exemple d'information), des prestations connexes (à partir d'un site connu) et des comportements nouveaux (clubs).

Les réseaux qui se créent viennent de l'accroissement du nombre des demandeurs, alors que ceux que nous connaissons (grandes surfaces, banques, assurances, agences immobilières) viennent de l'offre. Les concepts de maillage, de densité, sont hérités de l'approche géographique de l'offre ; avec Internet, on compte les *hits* (appels) au site, on fait en sorte qu'il figure parmi les favoris de l'internaute. Ce renversement change complètement les positions acquises, la valeur des investissements réalisés. Si le consommateur peut être plus volage, *zapper*, comparer, commander ou faire pres-

* 14 septembre 1999

sion sur l'offreur local, que deviennent les galeries commerciales, les *mailings*, les réseaux de brique et de mortier ? Le réseau du plus fort n'est plus nécessairement celui du plus gros, du plus présent, du plus visible. Même si, dans l'un et l'autre cas, on peut raisonner en coût marginal, celui d'un client Internet est beaucoup plus faible que celui d'un réseau physique. Et sans doute aussi régulièrement décroissant. Autant dire que l'avenir économique d'Internet paraît assuré : l'expansion.

Paraît, car les réseaux qui se créent débouchent nécessairement sur une autre logique, de type affinitaire, pour les consolider. D'un côté, les internautes qui vont vers tel site peuvent être repérés ; d'un autre on leur signale d'autres sites qui peuvent les intéresser. Se créent ainsi des sous-réseaux. Les connaître, c'est être sûr que l'effort de publicité ou de promotion sera beaucoup plus rentable. C'est aussi mettre au point des produits spécifiques. Ce sera la carte de crédit avec le logo du club de base-ball, comme aux États-Unis, carte qui offrira des conditions spéciales pour l'achat de tickets, de matériels, de revues, pour la location d'une chaîne sportive. De proche en proche, des produits se trouvent ainsi liés, et la carte de crédit va porter plusieurs références. Elle sera co-brandée. Cette logique affinitaire permet surtout de stabiliser le client. Car le développement du réseau virtuel, en même temps qu'il réduit le coût marginal du contact, diminue aussi les coûts du changement de fournisseur pour le client, les coûts de *switching*. Il faut lutter contre ce terrible risque de fragilité. En effet, à sa manière, le réseau vieillit. Le pire est alors à craindre : une diminution de l'intensité affinitaire, le désir d'aller voir un réseau voisin, de profiter des offres alléchantes d'un autre. Le réseau doit alors absolument se renforcer (amélioration de la qualité, prix, extensions de l'offre...) et favoriser les in-cursions (ce qui dissuade des ex-cursions), autrement dit accroître les coûts de *switching*. C'est la logique du *mileage* (additions de *miles*) des compagnies aériennes qui donnent à leurs voyageurs des billets gratuits à partir d'un kilométrage parcouru. Assez logiquement, ces derniers s'efforcent d'utiliser une seule compagnie. Mais, s'ils font des voyages d'affaires, ils peuvent être plus volages : leur compagnie principale va devoir leur permettre quelques infidélités pour renforcer leur fidélité foncière. À ce stade, il n'y a plus que quelques réseaux mondiaux interconnectés, qui capturent l'essentiel de la dépense voyage (sans que les autorités de régulation de la concurrence aient actuellement quelque outil analytique pour s'en émouvoir). La logique affinitaire va organiser, comptabiliser et récompenser la fidélité.

Enfin, le réseau produit. On se souvient de programmes informatiques, aujourd'hui fameux, mis en phase de test à la disposition de tous pour les améliorer, les simplifier, les enrichir. Des maisons de logiciels ont pu ainsi mobiliser des milliers d'heures d'experts « bénévoles » pour faire connaître leur produit, l'améliorer et offrir de l'installer ensuite gratuitement. Cette gratuité, qui s'explique bien sûr par le mode de production même, renforce l'image de la marque, freine les concurrents et surtout peut devenir la seule voie pour entrer sur le marché. Utiliser les réseaux comme lieux de création et de production est la nouvelle voie.

La concurrence actuelle est devenue celle des réseaux, des réseaux de réseaux, de ces logiques interdépendantes où l'on marie des informations sur des clients qui se ressemblent ou se rassemblent et où l'on est ainsi capable de leur faire des propositions et d'écouter les leurs, de manière plus structurée, plus efficace, plus pérenne. Plus subtile donc : le réseau du plus fort, c'est celui du plus fin.

15 – Les nouvelles places du marché *

La concurrence pure et parfaite a souffert de la limitation du marché dans le temps et l'espace. Or, désormais, Internet peut connecter un nombre très élevé de clients sur des produits différenciés et selon divers modèles

La nouvelle économie repose sur la diminution vertigineuse des coûts de traitement, de stockage et d'exploitation de l'information. Il est désormais possible de mieux définir tel ou tel produit, telle ou telle prestation, comme de mieux suivre les étapes de fabrication et de livraison. Ce suivi précis de la séquence production-distribution s'accompagne d'une plus grande connaissance du client grâce aux concepts de « *datawarehouse* » et de « *datamining* », entrepôts et traitement des données. Nombre d'informations sont disponibles pour cerner et éventuellement prévoir ses désirs et ses demandes. Cela est vrai pour tous les clients (ménages, artisans, entrepreneurs...) et pour tous les biens et services. Le marketing va donc mieux définir des profils de demande, élaborer des segmentations plus fines (de quelques-unes à plusieurs centaines pour les particuliers, comme on le voit aux États-Unis), aller voir le client en lui faisant des propositions adaptées et réduire ainsi les taux de perte liés à ce que l'on nomme le « marketing de masse ». La place du marché change donc. Dans la théorie de la concurrence pure et parfaite, il s'agit d'un lieu abstrait où se confrontent en phase 1 des niveaux de demande et d'offre notionnelles en fonction de prix possibles. Côté demande, si le prix est x, j'en veux a ; s'il est y, j'en veux b. Et côté offre, si le prix est x, j'en offre a', s'il est y, b', jusqu'à ce que l'accord (par tâtonnements) permette de trouver le couple maximal nombre de produits-prix des produits. Commence ensuite la phase 2 : les contrats notionnels deviennent des commandes.

Ce modèle a souffert de sa confrontation au réel, car les produits ne sont pas génériques et les offreurs jouent de leur influence sur des clients qui ne s'intéressent pas qu'au prix. Surtout, il y a impossibilité à confronter un très grand nombre d'offres et de demandes à un même moment : la place du marché est limitée dans le temps et dans l'espace. Du moins l'était, car désormais Internet peut connecter dans

---

* 18 avril 2000

la durée un nombre très élevé de clients sur des produits différenciés et selon divers modèles.

Le premier repose sur une meilleure transparence des prix. Des sites se proposent d'être des « brokers », c'est-à-dire des intermédiaires, collectant les informations et induisant le meilleur choix de prix pour un produit donné.

Le deuxième modèle, celui des « agrégateurs » de demandes (pour les livres, la hi-fi, etc.), permet d'obtenir, par un effet de volume, de meilleurs prix, sachant aussi que ce schéma ne supporte pas les coûts de distribution des réseaux physiques. À son tour, cet agrégateur, via un portail qui deviendra de plus en plus connu et fréquenté, pourra exercer davantage de pressions sur l'amont, mettre en danger les réseaux existants et surtout, à partir de sa notoriété, offrir de plus en plus de produits. Ce faisant, il collecte aussi davantage d'informations sur les clients, leur offrant ainsi de plus en plus de produits ciblés, l'idée étant d'offrir à chacun exactement ce qu'il désire : c'est le fameux marketing « *one to one* » (en fait un marketing ciblé de masse). Entre-temps, le portail enrichit sa gamme de prestations offertes – la limite étant évidemment sa capacité à entreposer et à distribuer les produits, à traiter les réclamations… Nous sommes dans des modèles dits de *business to consumer* (B to C).

Le troisième modèle est celui où les entreprises se parlent à elles-mêmes, dans ce que l'on nomme dans le langage de la nouvelle économie le *business to business* (B to B). Il s'agit de créer des marchés spécialisés par fonction de production : le boulanger aime à connaître les prix des machines, des farines, mais aussi l'évolution de la fiscalité et de la législation. Ce sont ainsi des marchés intégrés qui se créent sur toute la chaîne amont et aval. Leur développement est décisif. Il y aura concurrence entre les plus efficaces, les plus informés, et leurs sponsors (producteurs de machines ou autres) espéreront tirer profit de cet espace qu'ils ont contribué à créer.

Le quatrième modèle est celui des marchés parallèles qui aident le marché global à mieux fonctionner. On y retrouve les dégriffeurs qui vendent à coût marginal ainsi que les sites d'enchères. Grâce à eux, les avions seront plus pleins, les hôtels mieux garnis, l'incertitude sur les quantités réduites, et donc l'économie tournera plus vite, exploitant mieux son potentiel.

Le cinquième modèle, enfin, sera celui de la gratuité, du pur plaisir, des groupes par affinités, d'idées, de créations, de passions, des testeurs de toutes sortes… La place du marché a toujours été assez vaste pour laisser sa place aux saltimbanques, aux jeux d'argent et d'idées.

16 – La clef de la recherche *

Dans certains pays développés, peut-être en relation avec un nouveau cycle de Kondratiev, le lien est net entre les efforts de recherche, et plus encore leur organisation, et la croissance

Pourquoi les États-Unis connaissent-ils cette exceptionnelle phase de croissance non inflationniste ? Pourquoi Finlande et Suède bénéficient-elles d'un regain d'activité, alors qu'on pensait que leur système social ne survivrait pas à la globalisation ? La réponse est en large part technologique ou, plus exactement, concerne les conditions d'intégration de la recherche-développement à la croissance. La progression de l'investissement productif dépasse 12 % aux États-Unis depuis près de 10 ans et 10 % en Suède depuis cinq. La progression franco-allemande s'inscrit plutôt à 7 %, et ceci depuis trois ans. La croissance annuelle de l'investissement informatique dépasse 40 % aux États-Unis, soit environ le double d'ici avec les mêmes conventions de calcul. La part des dépenses en nouvelles technologies de l'information-communication représente 8,3 % du PIB suédois, 7,9 % de l'américain, 6,6 % du français et 5,5 % de l'allemand. 54 % des Scandinaves utilisent des téléphones portables, contre 34 % des Espagnols, 31 % des Américains, 28 % des Français et 26 % des Allemands. Quant à Internet, 34 % des Scandinaves y recourent, 26 % des Américains, 10 % des Allemands, 6 % des Espagnols et 5 % des Français.

Comment expliquer de tels écarts ? Bien sûr des effets de taille et de langue favorisent le monde anglo-saxon. Il attire les élites dans ses centres de recherche, ses universités, ses entreprises. L'importance des capitaux mobilisables joue aussi, car ces nouvelles technologies, particulièrement risquées, ne peuvent être financées par du crédit bancaire (qui repose sur des risques statistiquement délimités) mais par des fonds propres, du *venture capital*. Ces ressources, à leur tour, viennent plutôt de riches particuliers et d'entreprises prospères qui décident d'affecter une part de leurs fonds propres à des projets et à des incubateurs. Dès lors fonctionne la boucle recherche-croissance, décrite dans la théorie de la croissance endogène (*Paul M. Romer : Increasing Returns and Long Term Growth, JPE, oct. 1986*). On en voit assez vite les deux effets, d'accélération et de multiplication.

---

* 30 janvier 2001

D'accélération d'abord, puisque les chercheurs attirent les chercheurs, les effets de diffusion des informations et connaissances jouent entre entreprises. Paul Romer parle de *learning spillover*. En même temps, activité et emploi progressent dans telle région ou pays plutôt qu'ailleurs, et la profitabilité du capital fait de même. À cet instant, les marchés financiers actualisent le flux de richesse constaté et le transforment en encours patrimonial : les États-Unis créent ainsi chaque année 2 % de plus de richesses que l'Europe, soit 200 milliards de dollars. Sur cet écart de valeur ajoutée, 15 % environ sont du profit, soit 30 milliards de dollars, que l'on peut valoriser à 900 milliards de dollars (le PER, *Price earning ratio*, s'établit en effet à 30 aux États-Unis contre 20 en France, autrement dit une entreprise américaine vaut 20 fois ses résultats nets en France contre 30 aux USA) ! Certes tout ceci est théorique, excessif, temporaire, mais illustre aussi ce que l'on sait : l'importance des écarts de croissance, et surtout ce que l'on méconnaît : les écarts de valorisation qui en découlent. Regardons, même après correction, la saga du Nasdaq.

D'effet de multiplication donc, car la richesse papier ainsi créée permet d'acquérir des entreprises, de drainer des talents (*stock-options*), de déposer des brevets et fondamentalement d'accroître la part mondiale de la rente d'innovation que captent les États-Unis. Ils dépensent ainsi 842 dollars de Recherche-Développement par habitant (en 1998, parité de pouvoir d'achat) contre 527 en Allemagne et 462 en France. En même temps, ils déposent 4,5 brevets pour 10 000 habitants, contre 5,5 en Allemagne et 2,2 en France (source : OCDE).

Mais on voit aussi que cette clef de la recherche n'est pas seulement liée à la taille, ni à un pacte social libéral. La Finlande dépense 632 dollars de RD par habitant et la Suède 813, l'un et l'autre ont beaucoup de diplômés dans la recherche, la Suède dépose 4,7 brevets pour 10 000 habitants. En même temps, sa pression fiscale égale 56,9 % du PIB contre 31,2 aux États-Unis et 49,5 en France, et le degré de protection de son emploi, dans une échelle de 1 à 4, atteint 2,8, soit autant qu'en France, à comparer avec l'Allemagne : 3,2 et les États-Unis : 0,2 (source : OCDE).

Les travaux actuels qui montrent que la croissance tient largement à un effet d'investissement en recherche, et plus encore d'utilisation de cette recherche, devraient être médités. Dans les économies vieillissantes, ce sont de tels investissements et de tels rapprochements, avec la rentabilité qu'ils autorisent, qui permettent d'accroître valeur ajoutée, richesse, emploi. Ce sont les ingrédients d'une hausse de la croissance potentielle, que l'on peut estimer en ajoutant à la croissance, modérée, de la population active celle, décisive, de la productivité du travail. Et qui donnent une autre façon d'aborder le financement des retraites.

Peut-être ce qui se passe aux États-Unis et dans les pays du Nord peut-il se synthétiser comme un nouveau Kondratiev (1892-1937), pour reprendre, dans la typologie des cycles donnée par Josef Schumpeter (Théorie de la croissance économique, 1912), ce qui caractérise un cycle long d'innovation. De fait, après des années d'investissement en nouvelles techniques et avec de nouvelles organisations, des grappes d'innovations majeures font augmenter la productivité du travail, et plus généralement celles des facteurs travail et capital. Surtout, le point commun de ces nouvelles organisations, si l'on reprend les cas polaires libéraux et scandinaves, est la proximité entre recherche publique et application privée, la capacité à breveter en étant un bon indice. Pour 1 de recherche publique, les entreprises dépensent 2,7 en Suède et en Allemagne, 2,5 aux États-Unis et 1,25 en France. Il faut se demander, par exemple depuis le rapport Guillaume (mars 1998), pourquoi ces clefs n'ouvrent pas, ici, plus de portes à la croissance et à l'emploi.

III – REPENSER LA RÉGULATION DES MARCHÉS

17 – Le cercle vertueux de la crédibilité *

Une entreprise bien gérée aura des conditions de crédit plus intéressantes, des actionnaires plus fidèles, de meilleurs clients, et de meilleurs salariés se présenteront à son embauche

Qui êtes-vous véritablement ? Cette question est à la base des interrogations économiques. Comment savoir ce que vous voulez, valez, ferez, avant que vous n'ayez acheté tel produit, travaillé avec telle ou telle intensité, ou tenu telle promesse ? Le monde économique vit dans l'asymétrie d'informations, entre celui qui produit et celui qui consomme, qui embauche et qui travaille, qui emprunte et qui prête.

Le producteur va vanter sa marchandise, en présenter moins les limites que les avantages, tandis que l'acheteur sait qu'il se trouve en position de force. Il dispose du « pouvoir » d'achat, ces actifs liquides qui lui permettent d'acheter ceci ou cela, ici ou ailleurs, maintenant ou plus tard. En face, le producteur a déjà investi, transformé de la matière, embauché du personnel. Il court un risque si la transaction ne se fait pas comme souhaité. Il va donc jouer sur la présentation,

* 22 mai 2001

la publicité, les prix. Mais ceci n'a d'effet que si la qualité est jugée correcte par l'acheteur.

Prenez un vendeur de voitures d'occasion. Il expose un véhicule derrière sa vitrine, avec pancarte et prix. Imaginez que ce prix soit inférieur à L'Argus et que la semaine suivante il baisse, et baisse encore. Il y a là quelque chose de louche : le soupçon du vice caché n'est pas loin. Dans ce cas, la baisse du prix freine la vente, voire l'empêche !

Prenez un banquier. Il se demande, évidemment, si le client qui lui demande un crédit va le rembourser. Supposez qu'il lui propose un taux supérieur à celui dévolu, en principe, à sa classe de risque. Supposez alors que le client accepte : c'est reconnaître (peut-être…) que sa situation est plus tendue encore. Si la hausse du prix (le taux d'intérêt) a l'accord de l'acheteur, le vendeur est tenté de se raviser !

Prenez un entretien d'embauche.

Il préfigure un contrat de travail, après discussions sur les capacités, les expertises. Mais ce contrat porte toujours sur des moyens (présence, obéissance), pas sur les résultats. Les diplômes, le curriculum vitae sont là pour réduire les incertitudes. Mais le recruteur risque de s'inquiéter si la personne accepte un salaire au-dessous du marché ; ou si elle a souvent changé d'employeurs !

Ces exemples montrent que le marché a du mal à prendre en compte les cas où l'incertitude sur la qualité est trop forte, avec un prix de négociation qui traduit la réalité des interrogations. Voilà pourquoi il faut des normes et des règles pour définir les produits (composition, dates et lieux de fabrication…). Voilà pourquoi les entreprises doivent veiller à leur image, les comptes des sociétés être transparents et des garanties être données à la banque ou à l'assureur. Voilà pourquoi les diplômes sont un signal pour un recrutement, tout comme le salaire offert indique l'intensité de l'effort demandé, notamment s'il est élevé (salaire d'efficience). Voilà pourquoi un pays qui s'endette doit avoir des comptes techniquement corrects, honorer ses dettes, avoir une banque centrale indépendante, au moins gérée par des personnalités reconnues, disposer d'une politique de change crédible. L'incertitude est générale : sur les marchés des biens et services, du travail, des capitaux. Elle se traduit par l'existence de marchés parallèles d'informations et d'engagements complémentaires : garanties, cautions, vérifications.

Ce jeu du « qui êtes-vous », qui se répète, se traduit par le développement des transactions. Dans des pays régulés, avec des lois, des codes, des systèmes comptables et des tribunaux efficaces, le soubassement juridique des échanges est plus solide. Les transactions en sont d'autant plus sûres et importantes, la croissance plus soutenue. Dans les relations interentreprises, dans celles entre entreprises et particuliers, la fréquence des échanges – surtout s'ils s'inscrivent dans la durée – crée la confiance, qui facilite l'échange. La crédibilité naît et croît. Au sein de ces rapports, les banques ou d'autres opérateurs deviennent des tiers de confiance. Ils certifient qu'Untel est Untel, qu'il sera bon payeur, que la marchandise sera de la qualité prévue, livrée comme prévu... Un tiers qui permet le commerce de toujours, et celui électronique de demain.

L'histoire des relations commerciales, financières, humaines que chaque agent va, peu à peu, construire sera son capital, sa renommée. Elle aura un prix. Le bon client obtiendra de meilleures conditions chez le banquier ou l'assureur et n'aura pas avantage à en changer. Une entreprise bien gérée aura des conditions de crédit plus intéressantes, des actionnaires plus fidèles, de meilleurs clients, et de meilleurs salariés se présenteront à son embauche. Il existe un cercle vertueux de la crédibilité. Il y a donc des investissements (informations, explications) à réaliser constamment pour l'entretenir, et l'augmenter si elle vient à s'effriter.

La dynamique de la confiance est discontinue : longue à créer, elle est aisée à détruire. Le dommage est alors rapide, violent, important. « Qui êtes-vous ? » est la question que se pose un agent économique qui en rencontre un autre. Elle reflète l'incertitude des rapports économiques, car les prix n'intègrent pas toute l'information disponible. En même temps, quand la réponse est satisfaisante et s'améliore avec le temps, elle développe les rapports économiques, fonde la croissance et renforce la société.

18 – Le monopole à la question *

Avec la privatisation partielle de France Télécom et son ouverture à la concurrence, c'est un des grands monopoles publics qui réforme son statut. Nombreux sont les usagers qui se félicitent de cette libéralisation. Le monopole reste en effet une figure un peu suspecte. Même les pays les plus libéraux disposent d'une administration chargée de veiller à ce que des entreprises privées n'acquièrent pas une position dominante sur leur marché. Les démêlés de Microsoft avec la justice américaine en sont un exemple. Un monopole ne peut fixer sa tarification à sa guise ; il doit la négocier avec une administration de tutelle. Pourquoi donc cette méfiance ?

La réponse de Keynes au gendre de Marx : pendant longtemps, le défaut attribué au monopole était de n'avoir pas de concurrent. Selon le mot de Keynes, la pensée dominante en matière d'économie reposait sur « *l'idée vague que la concurrence est le meilleur moyen de réduire la paresse* ». Le monopole était donc le géant assoupi, faute de menace extérieure. Cette idée, qui reste populaire, ne pouvait satisfaire les économistes pour au moins deux raisons : d'une part, la notion de paresse, n'en déplaise au gendre de Marx, Paul Lafargue (auteur d'un livre intitulé *Le Droit à la paresse*), est effectivement un peu vague ; d'autre part, il n'est pas certain que l'efficacité est toujours meilleure quand les concurrents sont nombreux. Sans se prononcer sur le caractère, inhérent ou non à la nature humaine, de la paresse, les économistes ont donc cherché à préciser comment le monopole peut « abuser » de sa situation.

Les consommateurs floués : comme toute entreprise, le monopole connaît sa fonction de production, c'est-à-dire ce qu'il lui en coûte pour produire telle ou telle quantité. Faisons une hypothèse : chaque unité coûte plus cher à produire que la précédente (dans l'exploitation minière, par exemple, il faut creuser de plus en plus profondément...). La 100e unité produite par l'entreprise coûtera un peu plus à produire que la 99e, la 101e un peu plus que la 100e, etc. Les rendements sont décroissants. Lorsque de nombreuses entreprises sont en concurrence, elles doivent prendre le prix du marché comme une donnée sur laquelle elles s'ajustent. Or, du fait des rendements décroissants, il leur est aisé de déterminer leur offre : il suffit que le coût de la dernière unité produite soit égal au prix du marché. Pro-

* 10 février 1998

duire en deçà représente un manque à gagner ; produire au-delà implique une perte sur les unités excédentaires, plus coûteuses à produire qu'elles ne rapportent.

Par opposition à la situation de concurrence où le prix est donné aux entreprises, le monopole a l'avantage de pouvoir fixer son prix de vente. Il déterminera d'abord la fonction de demande, c'est-à-dire la quantité qu'il vendra en fonction du prix qu'il propose. Puis, à chaque prix, il pourra associer sa production, et finalement son profit. Bien sûr, il ajustera son prix au mieux pour lui. Par rapport à une multiplicité d'entreprises, le monopole produira finalement moins et plus cher. Pouvant jouer à la fois sur le prix et la quantité, il dispose d'une marge de manœuvre que les autres n'ont pas. Les consommateurs se retrouvent donc floués du montant du sur-profit que s'adjugera le monopole.

Les infrastructures et le monopole public : il est des industries où l'hypothèse de rendements décroissants n'est pas vérifiée du fait de coûts fixes. Le transport ferroviaire en est l'exemple type. C'est le premier voyageur à convoyer d'une ville à l'autre qui coûte cher puisqu'il faut construire la voie. Une fois ce coût engagé, convoyer 100 ou 101 voyageurs revient au même.

La présence de coûts fixes explique qu'efficacité ne rime pas toujours avec multitude. Multiplier les entreprises revient à dupliquer des coûts fixes, un peu comme si deux entreprises ferroviaires concurrentes installaient chacune des rails pour relier deux mêmes villes. Quand ces coûts sont importants et impliquent des infrastructures lourdes, il est plus efficace d'assurer la production avec une seule entreprise. Donc avec un monopole.

Il en est de même s'il est imposé à l'infrastructure des charges dites de service public. Le cas typique est l'imposition d'un prix unique à tous les usagers, même si certains sont plus coûteux à servir que d'autres. En France, le prix d'un abonnement téléphonique ou d'un timbre-poste sont les mêmes dans une région désertique ou au centre d'une grande ville. Cette égalité de traitement suppose des surcoûts qu il faut partager entre les clients. Mais ce monopole pourrait profiter de l'absence de concurrence pour fixer un prix trop élevé. Aussi, dans tous les pays, les industries d'infrastructure restent encore, sinon publiques, du moins réglementées au sens où elles doivent périodiquement négocier leur tarif avec l'administration.

Scinder le monopole : mais l'intervention d'un régulateur public ne suffit pas à régler le problème. Le monopole garde un avantage : il sait ce que produire telle ou telle quantité lui coûte. Pour obtenir du régulateur le tarif le plus élevé, il aura intérêt à surévaluer ses coûts.

Comme il est souvent difficile à l'administration d'obtenir l'information nécessaire, la tendance générale reste de réduire l'activité des monopoles et d'introduire la concurrence par divers moyens. Le plus courant est d'isoler l'infrastructure et de scinder l'entreprise en deux : la première gère les infrastructures et reste réglementée la seconde, qui sert la clientèle, est libre de ses tarifs et ouverte à la concurrence. La déréglementation aérienne aux États-Unis s'est inspirée de ce principe, avec des aéroports réglementés et des compagnies aériennes privées ; la scission de la SNCF en une société gérant les voies et les gares, l'autre les trains, participe du même esprit.

Mais l'opération n'est pas sans difficulté. Que doivent acquitter les entreprises en concurrence à l'entreprise gestionnaire de l'infrastructure ? Qui doit payer si l'infrastructure doit être modifiée du fait de la présence de concurrents nombreux (le cas s'est produit récemment dans les télécommunications allemandes, où Deutsche Telekom a menacé de facturer le coût du transfert aux clients qui changeraient d'opérateur) ? Comment, lorsque l'entreprise gestionnaire de l'infrastructure peut aussi servir la clientèle par l'intermédiaire d'une filiale, éviter qu'elle ne favorise cette dernière ? Et, bien sûr, puisqu'un régulateur public est en jeu, comment empêcher que des entreprises, même concurrentes, s'entendent à son détriment ?

L'enjeu de l'information : tout reste donc loin d'être dit sur le monopole, mais celui-ci s'est révélé finalement précieux. Sous sa forme simple, il a permis de situer le véritable enjeu : l'information dont certains disposent, et d'autres non. Un régulateur qui connaîtrait toute l'information nécessaire pourrait fixer les prix exactement comme le ferait le marché. Ce fut d'ailleurs l'argument essentiel des économies planifiées. Mais l'information reste toujours en partie privée, et détenir une information stratégique, c'est avoir le pouvoir d'en abuser. En tout cas la tentation.

19 – La concurrence des crocodiles *

Entendue comme l'ouverture des nations à une concurrence plus large, la globalisation est souvent présentée sous deux aspects opposés. Dans la version guerrière, la concurrence s'apparente à la lutte pour la vie où seuls subsistent les plus forts. L'entreprise, comme le requin, est avide de tout dévorer, y compris (et d'abord) ses semblables. La globalisation signifie donc l'élargissement du territoire de chasse des grands prédateurs, ce qui est certes inquiétant.

Dans la version pacifique, l'entreprise est au contraire une espèce de bernard-l'ermite qui trouve son refuge dans des coquilles laissées vacantes. Pour trouver sa niche, il suffit à l'entreprise de la chercher. La globalisation devient donc plus rassurante puisque, plus les territoires sont vastes, plus les niches sont nombreuses.

Ces deux représentations opposées ont probablement une part de vérité, puisque les conseils des consultants aux chefs d'entreprise se présentent souvent sous la forme : pour gagner, il faut être le meilleur et savoir s'adapter.

Mais, chez les économistes, aucun de ces deux modèles n'a semblé satisfaisant. Le modèle prédateur devrait logiquement aboutir à la domination finale du plus fort, incontestée et durable. Or les situations de ce type sont inconfortables puisque avoir une trop grande part de marché incite vos adversaires à s'allier contre vous (et les instances de surveillance de la concurrence à vous regarder de près, et celles de défense des consommateurs à vous regarder de travers). De plus, il est fréquent d'observer des duopoles durables, c'est-à-dire deux entreprises en concurrence frontale et qui pourtant coexistent. L'industrie automobile en est un exemple dans de nombreux pays.

Le modèle de la niche est tout aussi douteux. D'une part, l'expérience montre que les entreprises qui durent changent plusieurs fois d'activité ou de produit. D'autre part, les barrières naturelles qui, comme la coquille du bernard-l'ermite, permettent de rester à l'écart de la mêlée se révèlent difficiles à caractériser.

Mais c'est surtout sur le plan théorique que la microéconomie s'est démarquée de ce type de référence « biologique ». En fait, pour modéliser une entreprise, c'est-à-dire pour simuler son comportement à partir d'un programme simple, il faut la doter d'une caractéristique plutôt « humaine » : la capacité d'identification. L'idée, qui

* 8 septembre 1998

remonte au moins à Adam Smith (1780), est qu'un acteur peut se mettre mentalement à la place de l'autre. Pour définir sa stratégie, une entreprise cherche donc aussi à savoir ce que fera sa concurrente.

Un modèle de ce type est la concurrence du duopole, définie par Bertrand (1883). Son principe est simple : mettez deux crocodiles dans le même marigot ! La lutte est sévère puisque celui dont le prix est le plus avantageux rafle le marché et ne laisse rien à l'autre. En outre, les adversaires sont de force égale et de même voracité : leur objectif est de maximiser leur profit, pas de s'attendrir sur l'adversaire ! La solution d'une entente sur le prix, d'un accord négocié dans un salon discret, est d'emblée exclue : aucun ne peut avoir confiance dans la parole de l'autre !

Le jeu se joue à chacun son tour : le premier (disons A) propose un prix, le second (disons B) y répond. Soit B propose le même prix, et le marché est partagé en deux. Soit il propose une offre plus intéressante, et il capte toute la demande (il n'a évidemment jamais intérêt à proposer un prix plus élevé). Au coup suivant, c'est au tour de B de proposer son prix, et à A de riposter.

Chacun doit alors définir sa stratégie en fonction de celle de l'autre, mais en sachant que l'autre est dans la même situation. C'est ce qui donne à ces crocodiles algorithmiques leur touche d'humanité. La fonction de réaction de chacun doit aussi être compatible avec l'objectif de profit. De la confrontation, il ressort alors que leurs stratégies possibles conduisent à des situations déjà bien repérées. Et même depuis longtemps.

La première fut précisée par Sweezy (1939) : le prix que pratiquent les entreprises s'avère finalement très stable, et correspond au prix que pratiquerait un monopole. Mais il est obtenu sous la menace, non par l'entente. Aucune entreprise n'agresse l'autre, parce que chacune sait que la rivale riposterait violemment. Aucune ne propose non plus un prix plus élevé parce que l'autre, trop heureuse d'en profiter, ne suivrait pas.

La seconde est le cycle d'Edgeworth (1925) : le prix alterne des périodes de baisse continue, puis de brusque rebond. Chaque entreprise surenchérit sur l'autre, dans un combat sans fin. La raison de cette guerre est imparable et digne des Marx Brothers : comment puis-je croire que mon concurrent veut arrêter les hostilités ? À sa place, je n'y croirais pas ! Puis, lorsque le conflit devient trop coûteux pour tous, le prix remonte brusquement au-delà du prix du monopole : chacun sait alors que l'autre a, aussi, besoin de reprendre des forces.

Plusieurs résultats s'en déduisent (Maskin et Tirole, 1988) : la paix de Sweezy peut très bien dégénérer dans la guerre d'Edgeworth si la demande globale qui est adressée aux entreprises varie brutalement. Fait plus surprenant, même dans le combat d'Edgeworth le plus acharné, le profit que réaliseront en moyenne les deux rivaux ne descendra jamais au-dessous d'un certain seuil. Ces crocodiles n'oublient évidemment pas que leur objectif n'est pas de se battre, mais de faire des profits.

Finalement, l'économie retrouve les situations de guerre et de paix, mais sous une forme particulière : la paix ne repose que sur l'hostilité et la guerre ne va jamais sans une certaine connivence.

20 – La position dominante *

Quel est le marché pertinent pour examiner une position dominante en matière automobile, par exemple, si les modèles sont de plus en plus produits pour un grand ensemble de pays ?

La récente vague de rapprochements d'entreprises plaît à la Bourse, inquiète les producteurs en amont, les consommateurs en aval, les salariés partout et fait donc s'interroger les politiques. Pour essayer d'avancer, on peut examiner la littérature sur la position dominante, qui s'alimente à trois sources.

La première vient de la théorie de la production et de l'analyse des coûts. À partir d'une certaine taille, en rachetant untel ou untel, la firme bénéficie d'économies d'échelle substantielles. Son coût moyen de production diminue. Elle peut en faire profiter ses clients (ce qui exerce une pression sur ses concurrents), ou bien conserver une partie des économies réalisées et accumuler ainsi des munitions dans le cas d'un raid futur (à faire ou à éviter), ou bien encore investir en équipement et en organisation pour renforcer son avantage compétitif (avouons que l'idée d'en faire profiter les actionnaires est peu évoquée). Tant que les économies d'échelle l'emportent sur les déséconomies, il y a un avantage à la taille, avantage qui peut être stocké un certain temps. Dans un tel contexte, les autres entreprises ne peuvent guère que suivre la tendance.

La deuxième source de littérature sur la position dominante vient de la théorie classique des marchés. En effet, si le processus de concentration se poursuit, vient un moment où se crée un oligopole (c'est-à-dire un petit nombre de vendeurs). Dans un tel marché, le jeu des uns est évidemment lié aux réactions des autres, ou – mieux – à leurs réactions anticipées. Une décision de baisse des prix, conséquence des économies de coût réalisées en amont, serait ainsi de nature à faire réagir les autres, dans une guerre des prix qui ne pourrait que pousser encore davantage à la concentration. Chaque acteur, dans une situation où il sait que les autres vont réagir (situation dite d'interdépendance conjecturale), va ruser, établir des barèmes selon les clients, ajouter des prestations, se différencier, essayer de gagner

* 6 octobre 1999

quelques avantages, bref freiner autant que possible la baisse des prix, sinon tenter d'inverser le processus.

Dans ces cas, on comprend qu'une instance officielle de régulation veille, juridiquement liée à un territoire, où elle va étudier la formation des prix et des coûts. La position dominante peut en effet freiner la dévolution au consommateur final des gains de productivité et donc diminuer le bien-être d'ensemble. Mais on voit aussi que la référence est le marché, entité abstraite où se forment les prix, qui n'est pas nécessairement un espace géographique, et encore moins nécessairement celui où œuvrent des organismes de surveillance.

C'est à ce stade qu'intervient une troisième approche qui procède d'analyses plus récentes sur la dynamique des marchés, où l'accent est mis sur la contestabilité des situations. L'idée est que les entreprises dans une situation d'oligopole ne vont pas pousser à l'extrême leur avantage pour agir de concert, comme un monopole de fait. Cette situation leur procurerait certes des gains de court terme, mais serait de nature à attirer de nouveaux venus qui déstabiliseraient leur situation ou écrémeraient la partie la plus rentable de leur clientèle. Dans un tel cas, la menace d'entrée, si elle est évidemment crédible, c'est-à-dire si les coûts d'entrée sur le marché ne sont pas trop élevés, les maintient sur leur réserve.

Même si leurs approches sont différentes, ces analyses font toutes intervenir un régulateur public chargé d'accroître le bien-être de la population et des entreprises qui calculent à moyen terme. Mais elles souffrent d'une double lacune : la première concerne le marché pertinent sur lequel pourrait, ou non, jouer la position dominante ; la seconde touche le marché des entreprises lui-même, lorsque celui-ci est situé à un échelon géographique supérieur à celui qu'examine l'instance de régulation.

Premier point, quel est le marché pertinent pour examiner une position dominante en matière automobile, par exemple, si les modèles sont de plus en plus produits pour un grand ensemble de pays ? Qu'est-ce même que le marché pertinent du ciment, produit qui voyage peu, si la concurrence porte sur la modernisation des processus de production entre grandes entités ou sur la réduction des frais de structure et de recherche ?

En effet, et c'est le second point, si l'on considère le marché des entreprises, une entreprise qui prospère vaut plus cher qu'une autre qui réussit moins bien. Une entreprise qui, indépendamment de ses qualités intrinsèques, se trouve limitée sur son territoire local, doit en sortir – ce qui implique des coûts, des risques et donc une moindre valorisation (évidemment transitoire si elle réussit) –, ou doit s'adapter, ce qui implique des marges rognées et, à nouveau, une moindre valorisation (non transitoire celle-là). L'idée de surveiller les positions dominantes sur des marchés géographiques affecte donc les valeurs des firmes sur leur propre marché, de fait unifié, à savoir la Bourse mondiale.

Cela éclaire les balancements que nous voyons partout en Europe, où l'on veut à la fois maintenir la concurrence et donner naissance à des champions nationaux, permettre les adaptations mais aussi sauvegarder l'emploi, répondre aux regroupements qui ont lieu ailleurs et ne pas fragiliser les producteurs locaux.

Ces contradictions permanentes sont exacerbées par la concurrence ; elles doivent être gérées par la puissance publique avec la claire conscience des enjeux à terme, c'est-à-dire de l'attrait du site productif. Cela implique des baisses de coût (notamment de prélèvement fiscal), des aides à la fluidité du travail, davantage d'investissement en capital humain (formation), tout cela pour aider les firmes à s'adapter, réagir, innover. Bref, au-dessus du marché, dit pertinent, des biens et des services, si compliqué à déterminer et à faire évoluer, il y a encore celui du capital, si impertinent.

21 – Le site et la sellette *

Les centres de décision seront, sans doute, proches des lieux financiers, non pas tant pour des raisons d'accès au financement que pour avoir un contact plus direct avec les actionnaires institutionnels, les compagnies d'assurances, les fonds de pension, et avec la communication financière qui les accompagne

La monnaie unique européenne bouleverse les structures des entreprises européennes. Des grandes se marient ; des petites, devenues des actifs liquides, se vendent. Mais comment se recomposent en Europe les entreprises déjà mondiales ou celles devenues européennes à la suite de fusions et acquisitions ? Si l'on considère qu'une entreprise est constituée de trois sortes d'unités : de production, de distribution, de pilotage, (contrôle, recherche, financement et décision), on voit que la dynamique en cours accroît le degré de liberté du système. Elle fait donc peser une incertitude croissante sur les diverses catégories de sites, placés alors sur autant de sellettes (petit siège bas où l'on interrogeait, il y a bien longtemps, les accusés).

Pour examiner l'évolution du tout, il faut étudier la dynamique de chacune des parties. Pour les unités de production, il s'agit du coût complet, incluant ce qui dépend du lieu de production, aujourd'hui et demain, mais aussi le transport pour l'acheminement auprès du client final, aujourd'hui et demain.

Les sites de production actuels calculent ainsi, dans leur logique d'extension, leur coût complet de développement. Ils intègrent le coût du travail, avec l'effet de la fiscalité (sur l'entreprise, sur le salarié), mais aussi la nature du bassin d'emploi sur lequel ils se situent, la proximité des centres de formation et de recherche, pour eux-mêmes et pour attirer les familles, les facilités et agréments offerts par le lieu… La compétitivité d'un site intègre ainsi des dizaines de facteurs, certains liés directement au coût du travail, d'autres indirectement, et toujours dans une logique prospective. Les réseaux de sous-traitants, les grappes où des sous-traitants majeurs pilotent les autres, sont des éléments-clés.

---

* 2 novembre 1999

Mais cette logique n'est pas entièrement celle des sites futurs des entités européennes pour lesquels la concurrence sera plus rude. Si l'on peut concevoir des investissements de simple entretien, par exemple, pour certains sites qui seront graduellement modernisés, d'autres peuvent être frappés, et beaucoup plus vite, d'usure morale, de fermeture. Et d'autres vont naître. Les choses peuvent beaucoup changer et l'histoire des groupes qui s'incarne aujourd'hui dans une géographie qui a peu bougé sur deux siècles ne dit rien du futur.

Pour les unités de distribution, elles seront évidemment proches du marché, du client final pour ce qui concerne l'instance commerciale, et liées aux systèmes de transport pour les entités logistiques. Des *hubs* (moyeux) vont ainsi se créer. Ils réunissent des capacités de transport des colis et conteneurs, des appels téléphoniques et envoient comme autant de rayons (*spokes*) des produits, des messages ou, de plus en plus, des ensembles produits-messages vers le client, intermédiaire ou final. Le coût, la qualité, et évidemment la fiabilité de tels centres (et donc les taux de panne ou de grève par exemple) seront décisifs. Les ports, aéroports, gares, *call centers* et plus encore les systèmes d'interconnexion entre ces divers modes de transport vont ainsi structurer l'organisation logistique de l'espace européen.

Pour les unités de tête ou de coordination des groupes, l'interrogation sur leurs lieux d'installation est actuellement en cours. Il ne sert plus à grand-chose en effet d'avoir des centres marketing, comptables, financiers ou de recherche dans divers pays qui étaient auparavant autant de marchés. La logique actuelle va conduire les groupes à raisonner par régions mondiales (trois le plus souvent) et à voir comment s'y implanter. L'enjeu est celui des centres de décision d'abord. Ils seront ainsi, sans doute, proches des lieux financiers, non pas tant pour des raisons d'accès au financement que pour avoir un contact plus direct avec les actionnaires institutionnels, les compagnies d'assurances, les fonds de pension, et avec la communication financière qui les accompagne. Ces lieux financiers seront décisifs, avec leur langue, leur système juridique, leur biais aussi, et l'inclination qu'ils auront pour les centres futurs de production ou de logistique. La question des centres d'excellence dans tel ou tel type d'activité se posera ensuite, avec l'idée sans doute de répartir les forces et, en Europe, de les implanter dans deux ou trois grands pays pour dire (aussi) qu'il s'agit là d'entreprises citoyennes et limiter d'autant les risques de boycottage.

Ce qui est clair, c'est que les concepts et logiques en jeu dans cette phase de désorganisation-réorganisation des firmes dans le monde, et singulièrement en Europe, ne posent pas de problème intellectuel extrême. Tout le monde les comprend : il s'agit là au fond d'un programme d'optimisation. Il n'est donc pas impossible alors d'aller plus loin et de penser les nouveaux espaces qui vont naître de ces logiques : concentration du pouvoir dans les centres financiers, à courtiser donc, lieux d'excellence à créer ou à renforcer dans les centres de facilités, *hubs* à promouvoir, sites industriels à aider, à renforcer… après les avoir sélectionnés.

La politique dite du territoire doit donc être fiscale (statut de l'expatrié par exemple), éducative (centres de formation et d'excellence, recherche, langues…), politique (simplification et efficacité des structures administratives…), promotion médiatique des territoires. Personne, évidemment, ne connaît l'issue du jeu, mais on sait bien que les centres qui se créent aujourd'hui seront ceux de l'Amérique élargie à l'Amérique latine, de l'Asie qui ira à la Chine, de l'Europe qui gagnera vers l'Oural.

L'issue est donc stratégique, forgeant aujourd'hui les nouvelles organisations des espaces productifs, et donc la croissance et les emplois futurs en nombre et en qualité. Nul ne pourra dire qu'il n'a pas été prévenu, ni n'a rien vu venir. Nul ne peut espérer non plus une répartition égale des lieux ou l'issue des discussions pour l'obtenir : pendant que l'on parlera, les lois de l'espace joueront. Ce sont celles des rapports coût/efficacité et des polarisations.

22 – Les enjeux de la certification *

Il faudra s'assurer aussi du marché de la certification, puisque celle-ci vaut autant que son maillon le plus faible. Si les certificateurs de tel pays sont plus conciliants que d'autres et que leur avis vaut pour tous, il importe de voir comment les corriger, les surveiller et... les certifier

Les premières pages des manuels d'économie commencent toujours par « Il était une fois... » Il était une fois un marché parfait, où circulaient des biens homogènes, définis seulement par leur prix, produits par de petits entrepreneurs désireux de maximiser leur profit, et acquis par des consommateurs rationnels, le tout en parfaite clarté et concurrence, sous l'œil d'un commissaire-priseur en charge d'obtenir que le maximum de biens s'échangent dans les meilleures conditions, et pour tous.

Bien sûr, les choses se dégradent dans les chapitres suivants, les ménages n'étant pas toujours rationnels, les entrepreneurs, surtout, étant plus pervers que de vertueux fabricants. Viennent ainsi le changement des produits (la diversification et sa réclame) qui trompe bien sûr le consommateur, leur multiplication (la prolifération) qui évidemment l'égare, la réduction du nombre des entrepreneurs (l'oligopole, puis le monopole), qui le soumet.

Devant un tel scénario, la fée État ne peut qu'intervenir. Elle va essayer de prévenir, en édictant des règles et des lois, pour définir les normes de fabrication, vente, promotion, solde, concurrence, concentrations. Elle punira qui les enfreint. L'idée se développe ainsi qu'en face du marché, il y a nécessairement l'État, réducteur micro-économique des tentations, des abus et des asymétries d'information (qui êtes-vous, que voulez-vous, quel est ce produit ?), correcteur macro-économique des excès.

Pour autant, la théorie économique elle-même a bien compris que l'État n'était pas un être parfait et pur, omniscient et totalement efficient. Il se compose d'une administration qui échappe par construction aux lois du marché et peut donc développer ses propres tendances (croissance non régulée de ses membres, inefficacités

* 22 février 2000

d'organisation, effets pervers de toutes sortes...) et des corps politiques qui obéissent, eux aussi, à une logique cyclique : être élu ou réélu. Dans ce contexte où l'efficacité de l'État est en question, s'ouvre le débat sur le rôle des syndicats, celui des groupes de consommateurs et, plus généralement, sur l'expression de la société civile. En même temps, comme les mœurs de toute fée peuvent être mises en question, une autre piste apparaît : celle de la certification extérieure des divers processus de production, transport, vente, évaluation. Comme le prix de la boîte de conserve n'est plus suffisant pour effectuer le choix, il faudra que le distributeur ajoute des étiquettes supplémentaires sur la qualité de la production ou celle de la chaîne du froid. Comme le prix du mètre carré de maison n'est pas suffisant pour garantir le coût d'entretien, l'acquéreur va demander des certifications de spécialistes extérieurs, validant le projet et le représentant (éventuellement) vis-à-vis du constructeur. Comme le prix du transport du pétrole proposé par le tanker n'est pas suffisant pour assurer une arrivée à bon port, faudra-t-il que le loueur s'assure que les vérifications ont été faites, que les bonnes assurances ont été prises ? Comme le prix du titre en Bourse n'est pas suffisant, il s'agit de savoir si la société a bien été auditée, et selon quelles règles, si elle remplit les normes actuelles de gouvernement d'entreprise (proposées par le Medef par exemple) ; tout cela visant à réduire les asymétries d'informations nées de l'activité économique et développées par elle.

L'économie de la certification, dans laquelle nous entrons ainsi, traduit la complexité des opérations que nous menons et leur interdépendance. Elle montre que nous devons avoir de plus en plus recours à des tiers de confiance, banquiers, assureurs, experts du *rating*, qui analysent et pèsent les risques, notent, et conduisent à des changements de comportement. Cette économie accroît évidemment les coûts des opérations, mais elle en réduit potentiellement les risques avec des agents qui obéissent à des règles et des normes d'engagement de moyens et de procédures.

Cette économie conduit aussi à une concentration des acteurs. En effet, c'est bien le producteur ou le distributeur qui doit fournir la charge de la preuve et payer le certificateur, et il ne peut le faire qu'à partir d'une certaine taille économique. Bien sûr, il faudra s'assurer aussi du marché des certificateurs, puisque la certification vaut autant que son maillon le plus faible. Si les certificateurs de tel pays, moins développé par exemple, sont plus conciliants que d'autres et que leur avis vaut pour tous, il importe de voir comment les corriger, les surveiller et… les certifier. On retrouve là la question traditionnelle de l'aléa moral, où le vérificateur est d'autant meilleur qu'il est financièrement puissant, qu'il a un nombre important de clients, et qu'il est coté. C'est le nom, la marque, actif immatériel fondamental dont la valeur ne fera que croître en incarnant la garantie, qui reflétera l'importance de cette économie.

On connaît le risque de cette évolution : son côté plus procédurier, plus administratif, plus coûteux, plus ouvert aux procès, sur le mode anglo-saxon. En effet, si la certification précise les moyens, elle n'implique pas, par construction, la qualité du résultat à atteindre. Si l'opérateur a fait ce qu'il devait faire dans le contrat et que ce qui se passe n'y était pas stipulé, sa responsabilité n'est pas engagée. On voit et l'on verra de plus en plus les effets de cette évolution dans les papiers à signer pour acheter une maison, louer une auto, partir en vacances ou se faire hospitaliser.

Plus profondément, si l'économie de certification représente un progrès dans la qualité des relations entre agents, elle n'en comporte pas moins un vrai danger : celui de réduire la tolérance sociale au risque. Il n'existe pas en effet de qualité totale, de risque zéro. Au contraire, l'échange, la consommation, la production… impliquent des prises de risques. Elles sont même croissantes, en liaison avec le taux de plus en plus élevé d'échanges de biens et services au sein de l'entreprise, entre entreprises, entre pays. Le développement ne pourra donc se faire qu'avec la réduction des risques repérables, mais aussi par une prise consciente de ceux qui restent, liés à toute activité. Comment ? En développant le goût d'entreprendre : plus facile à écrire qu'à faire.

IV - L'INSÉRER DANS UN CONTEXTE MONÉTAIRE

23 - La cuisine de la prévision *

L'automne est la saison des budgets. Entreprise, administration, État, chacun établit ses recettes et ses dépenses pour l'année à venir. Mais si les dépenses sont à discrétion, les recettes restent incertaines et subordonnées à l'activité de l'année prochaine.

Pour un pays, le produit intérieur brut, le PIB, est la grandeur économique de cadrage incontournable. Il représente ce qui sera produit sur le marché intérieur pour satisfaire les demandes finales (consommation, investissement, exportation, stocks). Prévoir le PIB de 1998, c'est en somme répondre à la question : l'environnement sera-t-il meilleur, de combien, et avec quel effet sur l'économie nationale ? Comment donc prévoir le PIB ?

Prévoir le présent : le PIB est la somme des valeurs ajoutées et représente donc un flux. Sa fréquence d'observation est trimestrielle, si bien que le PIB de l'année est la somme des PIB des quatre trimestres. À ce jour, seule une estimation du deuxième trimestre 1997 est disponible :

	1er trim. 1996	2e trim. 1996	3e trim. 1996	4e trim. 1996	1er trim. 1997	2e trim. 1997
PIB trimestriel	947	945	953	955	958	967

* 4 novembre 1997

Nous pouvons ainsi calculer le PIB de l'année dernière (3 800 milliards de francs), mais nous ne savons pas encore celui de cette année : le troisième trimestre, bien que révolu, reste inconnu faute de temps pour collecter et synthétiser les statistiques.

La première prévision à faire est donc celle du proche passé (le troisième trimestre) et du proche avenir (le quatrième). La croissance en 1998, c'est-à-dire la progression du PIB entre 1997 et 1998, repose sur une année 1997 à moitié connue.

La première règle du conjoncturiste s'énonce ainsi : établir le présent est la première étape de tout exercice de prévision.

Partir de l'« acquis » : que savons-nous de l'année en cours ? Que le premier trimestre a progressé de 3 milliards de francs et le deuxième de 9 milliards. Un petit scénario peut permettre d'apprécier l'amélioration : qu'en serait-il de la croissance annuelle si chaque PIB trimestriel se maintenait au niveau atteint au deuxième trimestre ? Le calcul donne alors : 958 + 967 + 967 + 967, soit 3 859 milliards. Rapporté aux 3 800 milliards de 1996, le PIB 1997 croîtrait donc de 1,5 %. Ce résultat est dit « acquis » par les conjoncturistes grâce à la bonne progression du PIB au premier et surtout au deuxième trimestre. Même en cas de stagnation à la fin de l'année, la croissance s'élèverait quand même à 1,5 %. L'acquis suppose donc implicitement que le plus mauvais résultat possible est une stagnation. En cas de récession, la croissance pourrait bien sûr se retrouver inférieure. Le terme d'acquis demeure, mais il devient trompeur. Comme dit le poète, rien n'est jamais... Heureusement, divers indicateurs (les ventes de certains commerces, la confiance des ménages...) signalent que l'activité ne semble pas fléchir. Le 1,5 % d'acquis peut donc, sauf accident en fin d'année, être considéré comme une hypothèse plancher pour 1997.

Que dire de 1998 : et si l'année à venir ressemblait aux précédentes ? Une première façon de prévoir l'avenir est de reproduire le passé. Ce n'est certes pas très glorieux puisque c'est admettre n'avoir sur l'avenir aucune idée. Mais, à défaut d'être pertinent, c'est au moins une façon de ne pas dire n'importe quoi.

Cela conduit à la deuxième règle du conjoncturiste : établir une prévision suppose au préalable d'étudier le passé. Quelle est alors la croissance annuelle depuis le début de la décennie ? La série apparaît erratique, sans régularité : aucune tendance ne se dessine, la croissance est médiocre, faite d'une récession, de reprises avortées et de « faux plats » indécis.

	1990	1991	1992	1993	1994	1995	1996
Croissance annuelle en %	2,5	0,8	1,2	– 1,3	2,8	2,1	1,5

La troisième règle s'impose d'elle-même : la prévision est d'autant plus difficile que le passé ne donne pas de message clair. Avec un tel profil de croissance, on conçoit que de nos jours le travail du conjoncturiste soit délicat. La croissance moyenne depuis 1990 s'établit, d'après ce tableau, à 1,4 %. Obtenir un résultat analogue pour 1998 signifierait donc que persiste la morosité qui caractérise le début de cette décennie. Or nombre d'éléments indiquent que cette période récente n'est pas très significative : par exemple, du fait des crises de change, les taux d'intérêt restent jusqu'à la fin 1995 à des niveaux très élevés, ce qui n'est plus le cas aujourd'hui. La référence au passé nécessite de considérer une période plus longue.

On obtient ainsi une quatrième règle : le passé ne nous donne d'information qu'à la condition de préciser à partir de quel moment il devient pertinent… ce qui n'est pas si facile.

Une fois que ces préliminaires ont permis de dresser la toile de fond conjoncturelle, la prévision proprement dite peut commencer.

Les hypothèses de 1998… et le PIB de 1998 : en général, ce n'est pas le PIB lui-même qui fait l'objet de prévision, mais ses composantes. Le PIB s'insère en effet dans l'égalité bien connue suivante :

PIB + importations = consommation + investissement + variation de stocks + exportations.

Chaque terme fait l'objet d'une prévision à partir du troisième trimestre 1997, et l'égalité ci-dessus permet de déduire le PIB. Chaque conjoncturiste ayant ses propres méthodes, il est normal que chaque résultat soit différent.

Mais il est rare que les prévisions divergent fortement parce qu'elles reposent sur un même principe : faire dépendre ce que l'on cherche d'autres grandeurs économiques plus facilement prévisibles : la consommation dépendra du revenu, de l'évolution du chômage, des indicateurs de confiance… Les exportations dépendront de la demande extérieure adressées à la France, du taux de change du franc…

En outre, les différentes composantes ne sont pas indépendantes entre elles : l'investissement des entreprises dépend de la consommation des ménages, les importations dépendent de la consommation et de l'investissement... C'est une logique de modèle qui doit être mise en œuvre.

Par rapport aux pouvoirs publics, le Crédit Lyonnais est un peu moins optimiste pour 1998 puisque nous envisageons une croissance de 2,6 %. contre 3 % dans la loi de finances. Vues les difficultés de l'exercice, la différence n'est pas considérable. L'essentiel est sans doute le sentiment partagé que morosité et langueur sont désormais derrière nous... et que les choses iront un peu mieux, un peu.

24 – L'inflation, les États-Unis et M. Greenspan *

L'inflation est l'ennemie déclarée des autorités monétaires. Pour les banques centrales, il s'agit d'assurer la stabilité des prix. On va appeler inflation la hausse des prix (mesurée par l'indice des prix à la consommation ou l'indice des prix du PIB) et se centrer sur le lien entre le niveau d'activité (mesuré par le PIB) et la hausse des prix.

Le grand art de la politique monétaire est d'essayer de moduler la croissance. Il s'agira d'éviter le « trop peu » (la croissance trop faible qui peut devenir récession) et le « trop » (la croissance trop forte, qui peut engendrer une dynamique inflationniste). Pour cela, il faut étudier ce fameux lien entre activité et prix et, mieux, agir le plus tôt possible.

▼ Taux d'utilisation des capacités manufacturières et inflation

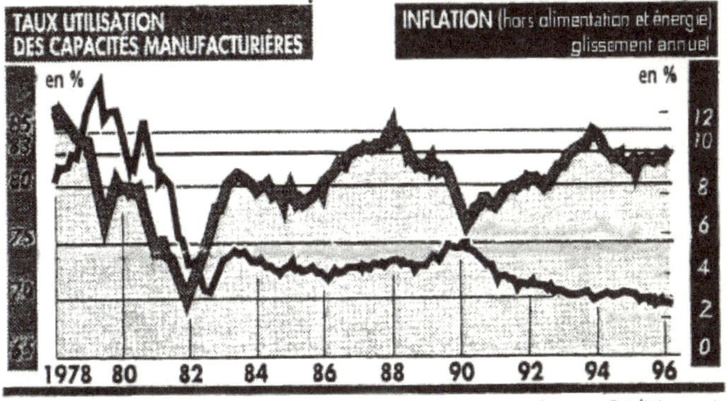

Source : Crédit Lyonnais

▼ Taux de chômage et salaires horaires

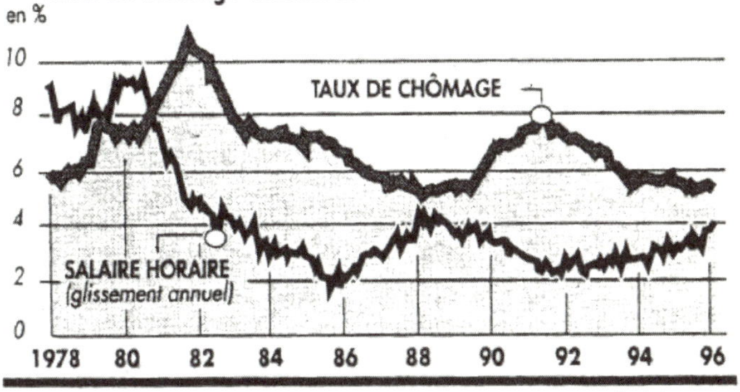

Source : Crédit Lyonnais

* 29 avril 1997 – Le lecteur qui vient, désabusé peut-être de sortir de la cuisine de la prévision verra quand même, dans ce papier écrit en début 1997, que tout n'est pas nécessairement obscur et que des hypothèses peuvent « tenir ».

Le premier graphique rapproche le taux d'utilisation des capacités manufacturières aux États-Unis de l'indice des prix à la consommation. Il est retraité hors alimentation et énergie, c'est-à-dire plus sensible à la dynamique économique proprement dite. De fin 1978 à fin 1982, le taux d'utilisation des capacités baisse (de 87 à 70 %) et, avec un délai, le taux d'inflation (de 14 à 3 %) ; ensuite le taux d'utilisation remonte (jusqu'à fin 88), suivi par les prix ; puis on assiste à une nouvelle baisse du taux d'utilisation (jusqu'à fin 90), qui enclenche une nouvelle décélération de l'inflation.

À partir de fin 1993, un nouveau phénomène semble apparaître : le taux d'utilisation des capacités manufacturières monte, alors que l'inflation continue de décélérer. Le lien entre activité et prix a-t-il donc disparu, s'est-il distendu… et que peut donc faire M. Greenspan, le président de la Réserve fédérale américaine ?

Il faut peut-être reconnaître que « quelque chose » s'est passé et que l'économie américaine serait devenue beaucoup moins pro-inflationniste qu'auparavant (ouverture, dérégulation…). En même temps, il faut noter que nous ne prenons en compte que l'industrie manufacturière, c'est-à-dire celle des usines que nous connaissons le mieux, mais où des phénomènes tels que la délocalisation, les vagues d'innovation ou les concentrations ont pu changer la dynamique des coûts.

M. Greenspan regarde donc également le deuxième graphique, celui où le taux de chômage est relié aux coûts salariaux. Nous sortons des unités manufacturières pour entrer dans l'économie dans son ensemble, avec le vaste domaine des services. On constate des ressemblances avec le graphique précédent : un taux de chômage faible en début de période s'accompagne d'une hausse élevée des coûts salariaux ; puis l'augmentation du chômage (de 6 à 11 % environ) fait chuter cette hausse (2 % à fin 98) ; enfin, une nouvelle phase apparaît (baisse du chômage-hausse des salaires), calmée à partir de début 90 jusqu'à fin 93.

On voit que la baisse du taux de chômage redynamise effectivement la hausse des salaires horaires sur toute la période, et donc encore maintenant. Bref, il peut y avoir une certaine déconnexion, dans le secteur manufacturier, entre activité et prix, mais il n'y en a pas sur le marché du travail entre activité et salaire. Cela explique pourquoi les marchés financiers ne regardent plus seulement ce qui se passe dans l'industrie (avec le fameux taux d'utilisation), mais dans les services : l'industrie est profondément désinflationniste, les services moins. C'est là que l'on vend, plus directement, des prestations à haut contenu salarial.

Il reste à M. Greenspan à espérer que, dans une certaine mesure, le secteur manufacturier calme l'inflation du non-manufacturier. Mais, surtout, il lui faut étudier les délais entre hausse des coûts salariaux et inflation proprement dite, et agir avant que le processus se mette en place. Voilà pourquoi les marchés financiers attendent fébrilement les indicateurs de taux de chômage et de création d'emplois, et moins ceux d'activité ou de commandes de biens d'équipement. Ce n'est plus l'utilisation manufacturière des capacités qui compte, c'est l'utilisation par les services des capacités de main-d'œuvre.

25 – Où est cachée la monnaie ? *

Trop de monnaie crée de l'inflation ; pas assez déprime l'activité. La monnaie serait ainsi à l'origine des prix et de la croissance, donc des deux caractéristiques les plus importantes de l'économie. Évidemment, il est très utile de savoir s'il y a trop ou trop peu de monnaie. Pour cela, il faut commencer par la mesurer. C'est alors que, comme par malchance, apparaissent de curieuses énigmes.

Puisque la monnaie est l'instrument des paiements, il peut suffire de mesurer ce qui sert à payer. Donc de comptabiliser la valeur globale des pièces et billets, mais aussi celle des dépôts bancaires associés aux chèques et aux cartes de paiement. On définit ce faisant un agrégat monétaire, Ml, appelé agrégat étroit.

Mais que mesure-t-on en fait ? Des encaisses. Elles servent à payer mais peuvent aussi être conservées. Voire thésaurisées, comme les dépôts qui dorment ou les billets roulés dans des chaussettes. Mais des encaisses conservées sont des réserves de pouvoir d'achat, donc par définition de l'épargne ! Elles ont le même usage que des livrets ou même des actions ; ce n'est pas là le rôle de la monnaie.

Cet emploi des billets et dépôts est-il marginal ? C'est douteux. Ml s'élève à près de 1 800 milliards de francs, davantage que tous les comptes sur livrets (1 700 milliards), deux fois plus que les sicav monétaires. Ce n'est pas négligeable, mais pas surprenant. Par exemple, les dépôts sont d'autant plus utilisés comme épargne qu'il est coûteux de les transférer. Si, pour virer 100 F d'un compte courant à un livret, il faut aller au guichet, faire la queue et remplir un formulaire, on attendra d'en avoir un peu plus ! Ces 100 F en attente resteront bien dans Ml en tant qu'épargne. Bien sûr, s'il suffit de téléphoner ou de pianoter sur un clavier, l'opération pourra être plus prompte.

D'autres facteurs interviennent, et notamment l'inflation : si elle est faible, le pouvoir d'achat du dépôt à vue sera moins vite entamé et le ménage moins enclin à le transférer rapidement sur un produit d'épargne rémunéré. Et si les taux d'intérêt à court terme sont bas, ce qui devrait aller de pair avec une faible inflation, les raisons d'attendre sont accrues (au passage, on voit ainsi que moins d'inflation fait grossir l'agrégat monétaire). Le principe de séparer ce qui est destiné à payer de ce qui est utilisé comme réserve est-il pertinent ? L'épargne elle-même servira, tôt ou tard, à payer !

---

* 21 avril 1998

▼ La croissance en France du PIB et des agrégats monétaires

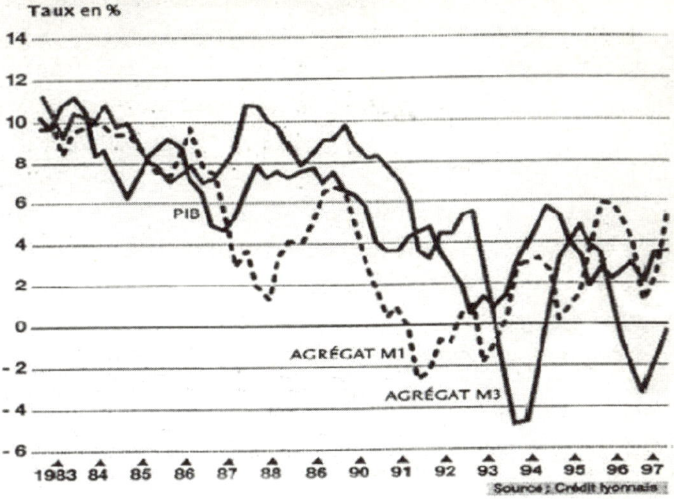

Donc, puisque l'énigme reste entière, faisons-nous une raison : il est difficile de séparer la monnaie de l'épargne. Mais soyons aussi pragmatiques : à défaut de savoir exactement ce qu'ils mesurent, les agrégats permettent-ils au moins, comme s'il s'agissait de monnaie, de renseigner sur l'activité et les prix ? Pas vraiment : les innovations technologiques en matière de paiements et de virements parasitent particulièrement M1. Celui-ci peut ralentir simplement parce que les banques sont plus efficaces ou que leurs clients recourent davantage au Minitel. Cela a vite conduit les banques centrales à « *élargir* » les agrégats, en y ajoutant ce qui est aisément convertible en moyen de paiement.

Il existe désormais des chaînes de magasins qui échangent rapidement votre bicyclette contre des billets de banque. La valeur monétaire d'une bicyclette n'est donc guère plus difficile à connaître que celle d'une sicav.

On s'est réfugié, une fois encore, dans un pragmatisme prudent. Ne sont intégrés dans l'agrégat monétaire que des placements *financiers à court terme,* et donc censés être destinés à entrer rapidement dans Ml : les livrets, les sicav monétaires et des produits bancaires comme les comptes à terme. On définit ainsi l'agrégat monétaire large, le fameux M3.

Une fois repoussés les doutes que l'on peut nourrir sur le caractère supposé court ou long des placements – pragmatisme toujours – M3 apporte-t-il quelque indication sur l'activité ou l'inflation ?

Pas vraiment : si on superpose la croissance des agrégats et celle du PIB nominal (qui cumule l'activité et l'inflation), rien de bien clair n'apparaît. Certes, Ml a tendance à croître moins vite, et il s'agit sans doute là de la trace des innovations technologiques. Qu'il se redresse en fin de période est à rapprocher de la désinflation et de la baisse des taux. M3 est encore plus perturbé, et il s'agit encore d'innovations liées à la loi bancaire de 1986 puisque l'apparition des sicav monétaires a rendu les arbitrages plus sensibles aux taux. Ainsi, en fin de période, la baisse des taux et le durcissement de la fiscalité des plus-values ont déplacé les sommes investies dans les sicav vers d'autres produits, et a dégonflé M3.

Finalement, ces agrégats apparaissent soumis à tant de facteurs qu'il n'est pas étonnant qu'ils n'aient plus guère de liens avec le PIB. Ils représentent plutôt une partie de l'épargne financière, mais ne correspondent pas à l'idée qu'on peut avoir de la monnaie (ce qui sert à payer).

Des cohortes de statisticiens ont bien tourné le problème dans tous les sens, composant différemment les agrégats, pondérant leurs composantes avec des taux de rémunération, variant les indicateurs d'activité, décalant les périodes. Le verdict fut sans appel : le contenu en information qu'ils fournissent est voisin de zéro.

À tel point que plusieurs banques centrales ont renoncé à faire des agrégats un objectif de politique monétaire. Mais pas toutes : la Banque de France continue à s'y référer, et surtout la Bundesbank, avec son fameux M3. il y a donc fort à parier que la future Banque centrale européenne fera de même [1].

1. ce qui fut fait !

26 – La monnaie et le jardinier central *

Les agrégats monétaires définis par les banques centrales sont pour le moins ambigus : s'agit-il de monnaie ou d'épargne ? Plus ennuyeux, l'information qu'ils fournissent sur l'activité ou l'inflation future est à peu près nulle.

Plusieurs banques centrales, aux États-Unis, au Canada ou au Royaume-Uni, ont ainsi renoncé à faire de ces agrégats un objectif de politique monétaire. Mais d'autres, comme la Banque de France ou la Bundesbank, continuent de s'y référer. Ceci semble étrange pour plusieurs raisons.

La première est qu'une banque centrale n'a guère de moyens pour contrôler ces agrégats monétaires. En fait, elle ne décide même pas du montant des billets qu'elle imprime. À l'actif d'une banque centrale se trouvent en effet deux grands postes : d'une part, les réserves de change, qu'elle utilise pour maintenir la parité de sa monnaie (et on peut y compter cette survivance que constitue son stock d'or) ; d'autre part – et surtout –, ses créances sur l'économie, c'est-à-dire les crédits qu'elle rachète aux banques. C'est là que se situe son intervention : elle décide du prix auquel elle accepte de racheter ces créances, et donc elle fixe le taux d'intérêt sur le marché où les banques négocient leurs créances (le marché interbancaire).

À son passif se trouvent les billets, qu'elle imprime tout simplement à la demande. Elle fournit ce qui lui est commandé par les banques commerciales qui répercutent à leur tour la demande de leurs clientèles. Ainsi, le volume de la monnaie fiduciaire n'est pas réglé par une banque centrale. Et donc, les modifications qui peuvent intervenir dans la demande de billets (par exemple, avec le développement du paiement électronique), ou même dans la demande des autres actifs qui se trouvent dans les agrégats monétaires plus larges (les arbitrages entre produits financiers) ne sont que des éléments très secondaires au regard du seul facteur important : le taux d'intérêt.

Ceci reste vrai même dans les situations extrêmes. Dans le cas de l'hyperinflation, par exemple, la banque centrale imprime des billets à un rythme extravagant. Mais ce n'est pas, bien sûr, parce qu'elle redoute un ralentissement de l'activité ! Elle est contrainte par l'État,

* 19 mai 1998

son autorité de tutelle, de prendre à son actif des créances, qui sont en général des dettes du même État. Elle se retrouve dans la situation de celui qui doit payer un bien plus cher que ce qu'il vaut : elle maintient donc le taux d'intérêt à un niveau artificiellement bas.

Mais la référence aux agrégats monétaires est aussi empiriquement surprenante. Par exemple, la Bundesbank maintient que sa politique monétaire est conditionnée par l'évolution de l'agrégat M3. Or il est bien difficile de comprendre comment elle la décrypte. Par exemple les violentes reprises de M3, en 1993 et 1995, ne semblent guère avoir gêné le lent et régulier déclin des taux d'intervention de l'institution de Francfort. Force est donc de constater que M3 ne présage guère de ces décisions.

▼ Taux d'intervention de la Bundesbank et agrégat monétaire M3

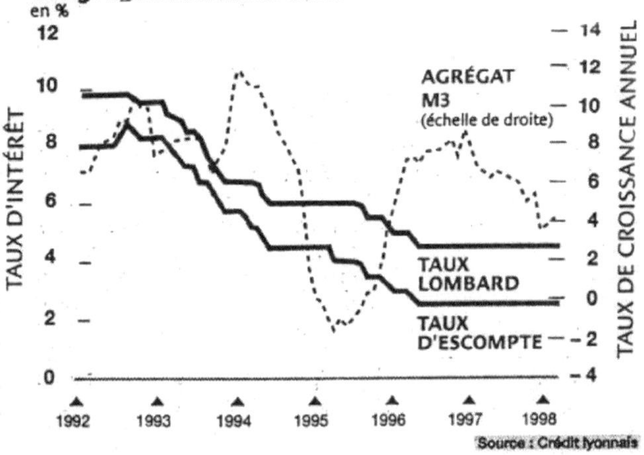

Si donc perdure dans nos contrées la référence à la « masse monétaire », c'est peut-être tout simplement parce que ce versant technique de la politique monétaire – le taux d'intérêt – ne coïncide pas avec la version la plus courante et la plus populaire, la fameuse planche à billets. Selon celle-ci, éventuellement sous une forme plus technologique et modernisée, la banque centrale « *injecte de la monnaie dans l'économie* ». Le banquier central est une sorte de préposé au « robinet à monnaie » : il doit arroser l'économie comme le jardinier arrose ses plantations, ni trop, ni trop peu, selon l'inaltérable adage « trop de monnaie crée de l'inflation ; pas assez déprime l'activité ».

Or nous savons que, dans une économie moderne, les prévisions des agents, leurs anticipations, sont fondamentales. Chacun prend ses décisions importantes (investir, emprunter) d'après l'opinion qu'il se fait de son avenir. Il faut par conséquent être attentif à ce que Keynes appelait les mécanismes de formation des opinions. Aussi nos banquiers centraux se doivent-ils d'annoncer un objectif pour l'évolution de leur agrégat monétaire, objectif qui sera entendu comme le cubage de monnaie injecté. Ceci permettra à chacun de se faire, pour son avenir, son évaluation propre dans un environnement raisonnable : une inflation mesurée, une activité générale suffisante – bref un arrosage monétaire adéquat.

Dans ce contexte (dans ce jardin ?), il est important que les agents gardent confiance dans leur propre système de prévision à partir de la norme stable que leur fournit la banque centrale. La situation à éviter est celle où, ne sachant plus quoi penser, chacun se guide sur le comportement de son voisin et le copie, cédant à l'inquiétude, puis à la panique. On a vu, avec l'Asie et spécialement la Corée, comment un jugement pouvait vite changer et l'euphorie devenir angoisse.

Que l'image de la monnaie arrosée sur l'économie soit vraie ou fausse est donc finalement secondaire. L'important est qu'elle soit, comme disent les publicitaires, reçue. Mais si, à l'instar des pays anglo-saxons, les européens continentaux deviennent plus familiers des marchés financiers et du rôle des taux d'intérêt, il est possible que le rôle directeur d'anticipations des agrégats monétaires européens aille en s'étiolant.

27 – Confiance, crédit, croissance *

L'étymologie l'indique, le crédit, c'est la confiance : confiance de celui qui demande un crédit, puisqu'il escompte obtenir des revenus futurs suffisants pour honorer ses engagements ; confiance du prêteur vis-à-vis de l'emprunteur. Mais, si l'on peut mesurer le crédit, cette confiance qui le suppose et l'accompagne reste assez mystérieuse ; du coup, le rôle du crédit est sujet à débats. Pourtant, les graphiques ci-dessous paraissent sans équivoque. Ils juxtaposent les variations de l'encours de crédit à l'économie et celles du PIB. On voit que France et Japon connaissent une économie où les encours de crédit, après une baisse, n'augmentent plus. Les agents sont réticents à l'endettement et, cas français, semblent même s'engager dans une dynamique de remboursement de leurs dettes : comme s'ils n'escomptaient plus guère de progression de leur revenu, comme si toute activité nouvelle était davantage jaugée à ses risques qu'à ses profits futurs. *A contrario*, en Grande-Bretagne et aux États-Unis, après une phase de ralentissement brutal à la fin des années 90, le crédit a retrouvé un rythme soutenu.

Crédit et activité semblent aller de pair, cependant tel n'est pas le sentiment de tous les économistes. Deux écoles s'opposent : l'école néoclassique, pour laquelle ce sont les conditions réelles de l'offre et de la demande qui sont fondamentales ; l'école post-keynésienne, qui défend le rôle de *cash in advance* du crédit ; et, entre les deux, ceux qui assignent un certain rôle au crédit, mais annexe et transitoire.

Pour l'école néoclassique, les marchés aplanissent les différences ; peu importe comment les agents se financent, puisque l'information sur la valeur actualisée des futurs profits qu'occasionnera cet investissement est supposée connue de tous. Dès lors, la valeur boursière de la société devra s'accroître exactement du montant de cette valeur actualisée, faute de quoi elle attirera les spéculateurs. Le volume d'engagements financiers en circulation n'a donc pas d'importance, seules comptent la quantité de monnaie et l'économie réelle. Les hypothèses sous-jacentes à ce modèle : parfaite rationalité des agents, parfaite information, parfait fonctionnement des marchés.

Dans une situation intermédiaire sont ceux qui estiment que le crédit joue effectivement un rôle dans le cycle des affaires. Le crédit

* 10 juin 1997

est un actif spécifique en cela qu'il demande et qu'il transporte une information que les marchés ne peuvent pas traiter. L'analyse d'un projet, l'évaluation de son rendement et de son risque, supposent une analyse spécifique (toujours) et une certaine confidentialité (parfois). Cette tâche incombe généralement au banquier. Aussi, ces théories du « canal du crédit » donnent-elles aux banques un rôle spécifique : elles sont un instrument de la politique monétaire.

Ce problème d'une information qui est, en fait, la raison d'être des banques implique en réalité une « défaillance des marchés » : une offre et une demande potentielle ne peuvent se rencontrer, faute d'une garantie suffisante sur la possibilité de l'échange. Pour cela, il faut une institution particulière qui va produire cette garantie, moyennant rémunération. La banque est historiquement la première institution de ce type. Cependant, les marchés financiers deviennent aussi, depuis quelques années, des institutions de plus en plus importantes, en complément et parfois en substitution du crédit classique.

C'est sur cette défaillance des marchés que s'appuient les approches post-keynésiennes. Pour elles, les conditions de l'offre et de la demande ont moins d'importance que l'organisation des marchés où elles sont susceptibles de se rencontrer. Le crédit donne à l'activité l'élan dynamique qui lui permet de progresser, puisqu'il correspond à une injection de pouvoir d'achat dans l'économie. Mais ce mécanisme doit être constamment surveillé, car il peut aussi se traduire par plus de prix des biens et services (inflation) ou par plus de prix des actifs (bulle immobilière ou boursière) ; il fait aussi (surtout ?) peser sur les économies l'épée de Damoclès des crises de liquidité.

Pour la plupart des économistes, il y a donc un lien entre activité et crédit, mais il n'est pas simple. La confiance est essentielle, confiance des entrepreneurs dans l'avenir et confiance des banquiers dans les entrepreneurs ; mais il faut y ajouter : confiance dans les banquiers, confiance dans la Banque centrale... et confiance des marchés dans l'organisation que forment banquiers et Banque centrale.

28 – La courbe des taux, l'inflation, la Banque centrale *

On le sait, la Banque de France ne fixe que les taux d'intérêt à court terme. Les taux à long terme résulteraient uniquement de l'offre et de la demande sur le marché, donc du prix sur lequel s'entendent l'ensemble des prêteurs et les emprunteurs. Pourtant, la Banque de France se félicite souvent du bas niveau des taux longs. Y est-elle pour quelque chose ? Et comment !

L'intérêt est la rémunération d'un prêt. Il est d'usage de le rapporter au montant prêté (le capital) puis de le transposer sur une base annuelle. Supposons un capital de 1 000 francs prêté pendant trois mois, soit, pour simplifier, quatre-vingt-dix jours sur les trois cent soixante d'une année. Le montant de l'intérêt sera alors noté : $1\ 000 \times (90/360) \times t$, où t est le taux d'intérêt. Élémentaire... Pas tant que cela, car, bien que rapporté à une base annuelle, le taux t est en fait un taux à trois mois et non pas à un an. Il y a, en pratique, autant de taux que d'échéances : le taux à trois mois, à un an, mais aussi à cinq ans, à dix ans, à un jour...

Certes, certains produits comme les livrets offrent un taux sans préciser d'échéance, mais ils sont réservés aux particuliers. En général, qu'il s'agisse de prêter ou d'emprunter, les taux d'intérêt dépendent des durées. Apparaît ainsi la courbe des taux, représentation graphique des taux d'intérêt selon les échéances.

Placer long ou renouveler un placement court : supposons un agent disposant d'un capital dont il n'aura pas usage avant un an et qu'il décide donc de prêter. Il pourra soit le prêter directement à un an, soit le prêter à trois mois, puis, trois mois plus tard, le reprêter à trois mois, et ainsi de suite, quatre fois.

Si aujourd'hui le taux à un an est T, la première opération amènera simplement un intérêt de $(1 + T)$ fois le capital. Ce qu'apportera la deuxième opération reste incertain puisque le taux à trois mois peut changer. Aujourd'hui, le taux à trois mois – notons le $t1$ – est connu. Mais, après, il sera peut-être différent. En notant t2 le taux à trois mois qui sera en vigueur dans trois mois, $t3$ celui qui sera en vigueur dans six mois, et $t4$ le taux à trois mois qui prévaudra dans neuf mois, le rendement sera alors le produit du replacement à quatre reprises du capital, soit :

---

* 14 octobre 1997

$$(1 + t1 \times 90/360) \times (1 + t2 \times 90/360) \times (1 + t3 \times 90/360) \times (1 + t4 \times 90/360).$$

Aujourd'hui T est connu mais *t2, t3, t4* sont inconnus : tout placement met en regard un rendement certain et des rendements incertains.

Les anticipations de taux futurs : pour choisir, notre agent peut d'abord penser que les taux à trois mois ne changeront pas d'ici un an. Il se situe donc dans l'hypothèse où $t1 = t2 = t3 = t4$. Le rendement est alors le produit de $(1 + t1) \times 90/360)$ quatre fois par lui-même, ce qui n'est pas très différent de $(1 + t1)$. Dans ce cas, il prêtera à un an à un taux T identique au taux à trois mois t*1*.

Mais s'il pense que les taux courts vont monter, donc qu'au moins un des trois taux *t2*, *t3* ou *t4* sera supérieur à *t1*, il ne prêtera à un an que si le taux T est supérieur à *t1*. Et inversement, s'il pense que les taux courts baisseront, il se satisfera d'un taux T plus faible que *t1*.

Le raisonnement est évidemment le même si le prêt est plus long : un prêt à cinq ans peut être comparé au renouvellement cinq fois d'un prêt à un an. La question se pose alors : pourquoi penser que les taux courts futurs vont monter ? La réponse est double : elle tient à la menace inflationniste et à la capacité, prévue par les agents, qu'aura la Banque centrale (Banque de France, Fed, Bundesbank...) pour la maîtriser (pour simplifier, nous supposons que l'agent ne se soucie que de placer à diverses maturités, sans s'intéresser à d'autres placements : actions, devises...).

Quand les prix sont sages : si les prix sont sages, et qu'aucune menace sérieuse ne se profile, la Banque centrale n'a aucune raison de fixer des taux d'intervention élevés (il n'y a pas de problème de change, par hypothèse). Dans le très court terme, les taux doivent donc normalement être assez faibles. À très long terme, l'incertitude est cependant plus forte : des tensions inflationnistes peuvent survenir d'ici les dix prochaines années. Les taux très longs doivent donc être supérieurs aux taux très courts : d'une part les prêteurs longs veulent protéger leur pouvoir d'achat, d'autre part, en cas d'apparition de tensions inflationnistes, la Banque centrale accroîtra ses taux d'intervention puisque son rôle est précisément de les contenir. Des taux courts plus élevés à l'avenir justifient ainsi des taux longs plus élevés aujourd'hui.

Dans cet environnement pacifique, la courbe des taux présente une pente à peu près régulière : les taux s'accroissent avec les échéances et reflètent une incertitude qui s'élève normalement avec le temps.

La crédibilité de la Banque centrale : mais si toutes sortes d'indicateurs (tensions sur les capacités de production, sur le marché du travail...) font redouter une poussée inflationniste dans un avenir proche, il faut s'attendre à un imminent durcissement des taux d'intervention, les taux courts devront s'élever. Mais combien de temps durera alors la période de serrage monétaire de la Banque centrale ? Et quel en sera le résultat ? C'est ici qu'interviennent l'efficacité et la crédibilité de la Banque centrale.

Si celle-ci a montré, par le passé, qu'elle pouvait frapper fort dès la moindre menace, les agents anticiperont que la période inflationniste restera brève. Les taux s'élèveront d'autant plus que les échéances sont courtes, et donc peu ou pas à long terme.

Mais si les agents craignent que la Banque centrale tarde à réagir, parce qu'elle a pu, dans le passé, laisser filer l'inflation, les échéances plus longues seront atteintes. La courbe se déplacera donc tout entière vers le haut. Le problème devient alors plus grave, et explique pourquoi les banques centrales sont si attachées à leur crédibilité : la hausse des taux longs renchérit le coût des financements, freine l'investissement et l'activité, creuse le déficit public. En contrôlant le taux au jour le jour, la Banque centrale vise finalement à piloter le taux à dix ans, un peu comme ces petits bateaux, appelés les Abeilles, chargés de manœuvrer dans les ports d'énormes tankers. Pas facile et risqué...

Le risque de tensions inflationnistes aux États-Unis explique une courbe des taux haute et plate, mais une assez bonne crédibilité de la Fed américaine permet de maintenir des taux d'intervention élevés sans affecter les taux longs en France, l'absence de menace inflationniste explique que les taux restent faibles jusque vers l'échéance de deux ans. Ensuite joue davantage l'appel du marché international... mais les taux longs français restent inférieurs aux taux longs allemands.

29 – Les réserves de la fourmi et les pertes de l'écureuil *

Il n'est pas aisé de comprendre pourquoi les États-Unis, avec des ménages peu épargnants, se portent plutôt bien, alors que le Japon, très épargnant, accumule les déboires. Les choses se présentent pourtant simplement. Un ménage dont le revenu mensuel est de 7 000 francs et qui ne dépense que 6 000 francs épargne, par définition, la différence, c'est-à-dire 1 000 francs.

Pourquoi ne dépense-t-il pas tout ? Par précaution, bien sûr. Nul ne sait ce qui peut arriver et il faut pouvoir faire face à des dépenses imprévues : un équipement à remplacer, un déménagement, le risque de chômage. Par prévoyance, aussi. Il faut préparer des dépenses futures déjà planifiées : le paiement du tiers provisionnel, l'acquisition du logement, la préparation des vacances, de la retraite...

L'épargnant sait donc que ses futurs revenus ne lui permettront pas nécessairement de couvrir ses futures dépenses, qu'elles soient prévisibles ou non. Comme la fourmi avisée de la fable, il veut éviter le sort de l'imprévoyante cigale : chercher un prêteur, avec les aléas que cela comporte.

Précaution et prévoyance renvoient au caractère d'indépendance et de sécurité de l'épargne, et donc à la notion très populaire de « santé financière ». Les finances sont saines si les dépenses n'excèdent pas les revenus (du moins pas trop, ou pas trop longtemps) : l'entreprise a des fonds propres abondants, l'État maîtrise ses déficits, les ménages peuvent faire face à un retournement d'activité.

En fait, l'épargne est d'abord un transfert dans le futur d'un pouvoir d'achat et s'inscrit dans le temps : dépenser moins aujourd'hui et davantage demain. Le versant symétrique de l'épargne est l'emprunt. Épargner aujourd'hui permet de ne pas emprunter demain. Ou encore, emprunter aujourd'hui (pour pouvoir dépenser) implique de moins dépenser demain (pour pouvoir rembourser).

Mais surtout l'économie signale un troisième motif d'épargne, moins connu, le motif de spéculation. Formulé tel quel, il peut heurter. La spéculation concernerait-elle le comportement des ménages dans leur ensemble ?

---

* 10 mars 1998

Il faut s'entendre sur le mot. Si l'épargne de précaution et de prévoyance concerne l'anticipation de dépenses futures, prévisibles ou non, l'épargne de spéculation se réfère à l'anticipation d'un prix. Celui qui prévoit que le prix d'un bien va baisser attendra avant de l'acquérir. Et inversement, s'il pense que le prix augmentera.

▼ Revenu, consommation et épargne non financière des ménages français

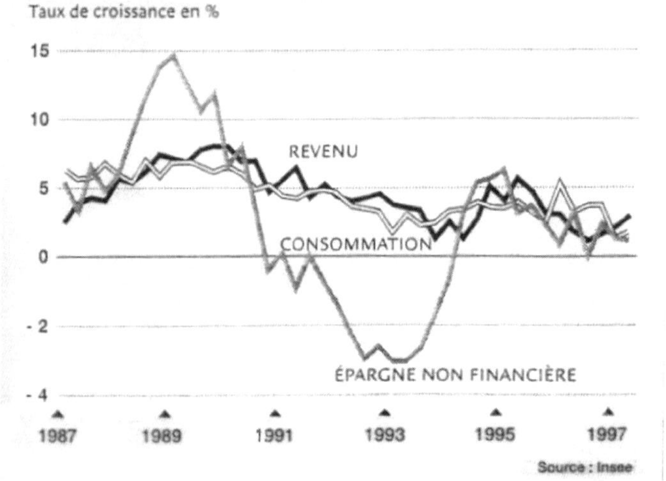

Un exemple ? Les primes à l'automobile. Les ventes s'étaient considérablement accrues juste avant l'interruption de la mesure. Les particuliers ont bien sûr voulu réaliser leur achat avant l'arrêt de la prime, donc avant l'augmentation du prix de l'automobile. Ils ont avancé leur achat, ce qui, dans une optique temporelle, correspond bien à une réduction d'épargne. Un autre exemple : l'immobilier.

Ceci conduit à une composante de l'épargne, dite « *épargne* non *financière* ». En fait, toutes les dépenses ne sont pas équivalentes. Acquérir un logement n'est pas la même chose que partir aux sports d'hiver : le logement reste acquis, il continue de rendre service, il s'inscrit dans le patrimoine. L'acheteur qui consacre ses finances à l'achat d'un logement ne réduit pas son épargne : il transforme une épargne financière en une épargne non financière.

Ainsi, pour mesurer l'épargne de l'ensemble des ménages, on estime d'abord leurs achats nets de logements (ceux qu'ils ont achetés moins ceux qu'ils ont vendus, ce qui revient à peu près aux achats de logements neufs), c'est-à-dire leur épargne non financière. On estime en parallèle leur consommation (leurs dépenses hors logement) et leur revenu. L'épargne financière, au sens usuel, résulte alors d'un petit calcul :

Revenu (environ 5 500 milliards de francs en 1996)
– consommation (4 750 milliards)
= épargne globale (750 milliards).
Épargne globale (750 milliards)
– épargne non financière (logements : 450 milliards)
= épargne financière (300 milliards).

L'épargne non financière constitue donc une part importante de l'épargne : à peu près 450 milliards sur 750 en 1996 (dernier chiffre connu). Or, le prix d'un logement neuf a deux composantes : le prix de la construction et le prix du terrain. Le premier ne subit pas d'évolution spectaculaire depuis dix ans (l'indice du coût de la construction suit à peu près l'inflation). Mais il n'en est pas de même du second. À la fin des années 80, l'immobilier avait connu une flambée des prix. Or, s'agissant d'immobilier ancien, le prix en cause ne concernait pas tant l'immeuble (déjà construit) que le terrain sur lequel il se situait.

Si on représente en France la progression du revenu, de la consommation et de l'épargne non financière des ménages depuis dix ans, on constate que cette dernière présente un cycle marqué et spécifique :

– une forte progression à la fin des années 80, lorsque les prix des terrains s'accroissaient ;

– un ralentissement, puis une contraction à partir de 1991 : la bulle immobilière s'était retournée, les prix s'étaient mis à baisser.

Comme pour l'automobile, les ménages français ont dans un premier temps voulu acheter avant que les prix ne montent encore. Puis, les prix étant orientés à la baisse, ils ont différé leurs achats dans l'attente qu'ils baissent encore. Il s'agit bien du motif de spéculation.

Quel rapport avec le Japon ? Les ménages japonais sont très épargnants. Or les prix fonciers au Japon avaient connu des hausses vertigineuses : des terrains à la périphérie de Tokyo ont pu valoir jusqu'à cinq fois le prix du mètre carré parisien du « triangle d'or ».

Rétrospectivement, l'épargnant japonais fait, plutôt qu'à la fourmi, penser à l'écureuil qui, égarant ses noisettes, épargne inutilement. Puisque le patrimoine des ménages japonais s'est fortement réduit avec la baisse des prix fonciers, c'est comme s'ils avaient, à l'époque, « épargné pour rien ».

30 – Naissance et mort du « credit crunch » *

Une distinction commode fait retenir deux types de financement pour l'économie : d'un côté, le financement intermédié (dette bancaire), de l'autre le financement désintermédié (marchés financiers). Les données de financement montrent, dans les plus grands pays, une montée de la désintermédiation au détriment de l'intermédiation. À ce phénomène s'ajoute une internationalisation des flux de financement.

Mais cette description n'est pas complète et cela pour deux raisons : d'abord parce que les banques ont continué de fournir des assurances de liquidités, ensuite parce qu'elles ont dû chercher ailleurs des financements à faire, plus risqués et/ou moins bien rémunérés à proportion des risques pris.

▼ Les conditions de crédit aux Etats-Unis

Pourcentage des réponses bancaires indiquant un resserrement des conditions d'octroi de crédit

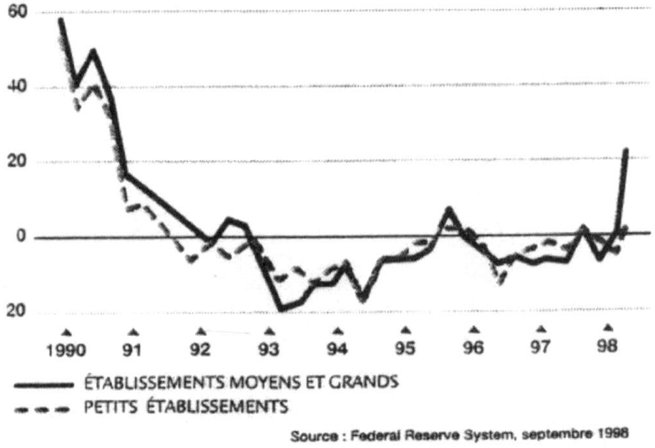

Premier point, les banques apportent une assurance de liquidités : ce sont les lignes de substitution accordées aux entreprises qui, autrement, se financent directement sur le marché du papier commercial. Ces lignes sont en général tirables sans possibilité de refus de la part des banques. Ces lignes sont évidemment payées par ceux qui en bénéficient, mais chichement (quelques points de base), et

* 17 novembre 1998

cela pour trois raisons : les banques entendent conserver un lien avec les grandes entreprises, les entreprises leur disent que le risque d'assèchement est très faible, la concurrence est farouche entre banques pour maintenir les relations avec les grandes entreprises.

Bref, les banques sont prêteuses en cas de disparition du marché : la dette bancaire assure alors la substitution au financement direct au cas où celui-ci s'évanouirait. (S'évanouirait est le mot car, en matière de marchés financiers, les ajustements ne passent pas beaucoup par les prix. Si une inquiétude apparaît, il y aura d'abord, bien sûr, une certaine montée des taux d'intérêt, c'est-à-dire un écart croissant (*spread*) vis-à-vis des meilleures conditions du moment. Mais si cette inquiétude monte encore, les prêteurs disparaissent tout simplement. Il n'y a alors plus de marché.)

Deuxième point, les banques s'orientent vers des financements plus risqués. Avec la désintermédiation, toutes les banques ont perdu une source récurrente de profit pour un niveau donné, statistiquement appréhendable, de risque. Elles sont donc allées chercher des clients ailleurs. Ces clients sont nécessairement moins sûrs : ce sont, par exemple, des PME ou de grandes entreprises moins bien capitalisées que les autres, des entreprises, banques ou États de pays émergents, des intermédiaires, *hedge funds* (fonds spéculatifs) ou particuliers fortunés prenant des positions sur marchés. Dans tous ces cas, les banques n'opèrent pas en substitut du marché, mais en complément direct. Ce faisant, elles prennent des risques significatifs car, par exemple, la monnaie d'un pays émergent peut être attaquée et, par suite, des entreprises locales peuvent demander des délais de paiement ou ne plus payer, des banques faire faillite, ou l'État s'engager dans un moratoire, des marchés se retourner et poser des problèmes aux *hedge funds*… L'histoire récente a donné quelques exemples de ces différentes possibilités.

Il n'y a donc pas passage, en quelque sorte historique, d'une économie de dette à une économie de marché : l'économie de dette est en fait le complément, constamment affaibli, de l'économie de marché par temps calme et son substitut par temps difficile. On voit aussi la double dynamique qu'entraîne cette coexistence finance directe/finance indirecte : des prises de risque plus fortes avec des marges bancaires plus faibles et donc une capacité réduite à les assumer. La fragilisation bancaire mondiale trouve ici sa principale source.

Dans ce contexte, une crise fait prendre peur aux banques. Leur peur suit celle des marchés. Les banques vont essayer de se retirer et de réduire leurs lignes de crédit vis-à-vis des pays émergents (ou de tel secteur ou de tel type de client), accentuant les difficultés.

En même temps, le ralentissement qui atteint les pays développés du fait de la crise des pays émergents conduit les banques à être également plus prudentes sur le territoire domestique. *Credit crunch* (resserrement du crédit) international et *credit crunch* domestique se marient alors. Les banques deviennent plus exigeantes sur les garanties, sur les conditions, sur les prix et font monter les écarts entre les taux consentis et ceux des meilleures signatures publiques. Elles deviennent, entre elles, plus soupçonneuses et réduisent les montants de crédits interbancaires, en diminuent les durées, en renforcent les conditions.

Ce relèvement général des conditions de financement conduit certaines entreprises à différer leurs demandes sur le marché, ou à revenir sur le financement bancaire, mais pour des sommes plus faibles, ou, si elles n'ont pas accès au marché pour des raisons de taille ou de rating, de demander des crédits bancaires diminués, ce qui dans tous les cas de figure mène à un ralentissement économique.

Reste donc à la banque centrale, devant cette montée des coûts de refinancement bancaire et de financement des entreprises, devant cette réduction de la liquidité, à réduire les tensions. Elle va alimenter davantage le marché en diminuant les taux de refinancement bancaire (les fameux *fed funds* aux États-Unis), faire diminuer les écarts de taux (*spreads*), réduire le recours forcé aux banques, donner plus de temps aux sociétés, aux États, aux opérateurs divers de marchés pour se retourner... Bref, il s'agit de faire refluer le *credit crunch* et de permettre aux anticipations de devenir moins noires. Pas facile, pas immédiat.

31 – Les effets de la désinflation *

La désinflation n'entraîne pas simplement une gestion plus sourcilleuse des prix. Elle induit des structures nouvelles, plus compétitives et plus endettées, avec des comportements plus risqués

Désinflation : ce mot désigne une phase historique où le rythme d'accroissement des prix des biens et services diminue. Elle est suivie normalement d'une phase d'inflation faible (moins de 2 %). La banque centrale, indépendante et crédible, est alors en charge, avec un à deux ans d'avance, de détecter tout risque de dérive des salaires et des prix, d'augmenter si nécessaire les taux d'intérêt, bref, de ralentir la machine.

Dans notre monde sophistiqué, les banques centrales essaient même d'éviter ce recours à la force qu'est la hausse des taux. « Si tu veux l'inflation faible, prépare les esprits » semble être leur logique. La Réserve fédérale américaine indique ainsi le sentiment majoritaire des esprits qui la guident – en fait les membres du *Federal Open Market Committee* (FOMC) –, afin d'infléchir les anticipations des esprits qu'elle tente de guider : marchés, ménages, entrepreneurs. L'idée est de réduire autant que possible les effets de choc, même amoindris, qu'implique tout mouvement des taux directeurs.

La désinflation n'est cependant pas seulement affaire de faible hausse des prix. La banque centrale, en poursuivant son objectif nominal, change en fait comportements et structures dans les domaines de la production, de la répartition et du financement.

Du côté de la production d'abord, l'économie d'inflation faible est celle de la mesure fine des coûts, de la montée en puissance des tableaux de bord et du contrôle de gestion. Il faut optimiser les chaînes de production, réduire les coûts de structure, fluidifier les échanges d'information. Les surcoûts liés aux empilements de structures doivent être supprimés. La concurrence par les prix se renforce, dans un univers où les salariés demandent encore (inertie, rattrapage...) des hausses de rémunération, tandis que les clients n'acceptent plus, eux, de hausses de prix, et que partout se créent des directions d'achats qui font pression sur les fournisseurs. La désin-

---

* 1er juin 1999

flation conduit à sous-traiter (on achète de l'expertise, de la qualité et de la flexibilité, du temps densifié chez le sous-traitant qui ne se consacre qu'à un métier) et à extérioriser des activités (les ressources financières et humaines sont consacrées au métier central).

Du côté de la répartition ensuite, l'économie de désinflation, faisant plus attention aux coûts, fait aussi plus attention aux performances des salariés. Les partages du chiffre d'affaires (entre valeur ajoutée et achats) et de la valeur ajoutée (entre salaires, profits, frais financiers, impôts) deviennent plus tendus, car plus nets. En matière salariale, les objectifs de chacun doivent être bien définis. Des critères de performance sont établis sur une base plus précise, plus délimitée. Les responsables étant en charge de la rentabilité de l'entreprise et les salariés voulant voir augmenter leurs ressources, l'intensité de l'activité s'accroît. Elle conduit à de meilleures performances, à une meilleure productivité et aussi, évidemment, à une sélection des meilleurs. Dans ce contexte, le salaire proprement dit va peu bouger. La progression des revenus distribués aux salariés viendra largement des résultats obtenus par la firme et sera payée sous forme de primes et de bonus. L'évolution des coûts salariaux se flexibilise. En même temps, de nouvelles incitations apparaissent, comme les *stock-options*. Elles ne vont pas seulement concerner les dirigeants, mais aussi les hommes clés pour la compétitivité de l'entreprise.

Dans le domaine du financement, enfin, l'économie de désinflation rend les agents économiques plus sensibles à la hausse des prélèvements. Cela pousse l'État et les collectivités publiques à gérer au plus près. Mais, puisque le risque inflationniste baisse, les taux longs font de même. L'économie de désinflation amène donc un répit budgétaire, en diminuant la charge de la dette ; elle incite les collectivités publiques à s'endetter à plus long terme.

Du côté des entreprises, cette même détente conduit les firmes à profiter de l'effet de levier qui naît de l'écart entre la profitabilité qu'elles génèrent et les taux d'intérêt. Elles s'endettent, pour racheter des sociétés, effectuer des regroupements, avec pour objectif une meilleure rentabilité. Cette économie de désinflation conduit donc à des restructurations, à des vagues de recherche d'efficacité productive, avec pour conséquence une montée des valeurs boursières (et le risque de constitution d'une bulle financière).

Du côté des ménages, leurs nouvelles sources de revenus, liées pour partie à leurs performances propres et pour partie à celles de la firme, vont accroître leurs capacités de calculs, de gestion. Cela va les pousser dans le monde des actions, plus rémunérateur que celui des placements en taux, mais avec à la clé des risques et une montée des valeurs boursières (et un renforcement de la bulle). Pour ceux qui préfèrent un rendement fixe, il faudra allonger la maturité du placement et prendre un risque de taux plus important, si l'inflation repart.

Bref, la désinflation n'entraîne pas simplement une gestion plus sourcilleuse des prix. Elle induit des structures nouvelles, plus compétitives et plus endettées, avec des comportements plus risqués. Le problème est celui de la stabilité du modèle, qui doit, d'un côté, flirter avec l'inflation zéro sans induire de processus déflationniste cumulatif et qui ne doit pas, d'un autre côté, rallumer des inquiétudes inflationnistes, au-delà de 2 % désormais. La solution, si l'on peut dire, est évidemment la croissance, c'est-à-dire l'innovation qui fait anticiper des résultats supérieurs des entreprises, accroît leur valorisation, pousse les ménages à consommer, génère encore plus de croissance, permet l'innovation, etc. Voici pour le côté vertueux simple.

Mais n'oublions pas la pression concurrentielle, et donc les problèmes aigus de recyclage et de formation à résoudre. N'oublions pas non plus que l'économie de désinflation conduit à chercher des rendements nominaux plus élevés, donc à plus de risques pour les firmes endettées, ou encore à des placements plus longs ou plus exotiques. Moins de prix, c'est plus de croissance durable, mais en contrôlant les risques spécifiques que ce « moins de prix » comporte.

32 – L'effet Balassa-Samuelson et la BCE *

L'Europe a une Banque Centrale et une seule politique monétaire. Pour autant, les écarts d'inflation persistent entre pays. Il y a un an encore, ces derniers étaient jugés secondaires : deux points entre le pays le plus inflationniste (le Portugal) et celui qui l'était le moins (la France). Depuis, ils ont augmenté tout comme l'inflation dans son ensemble. Les plus mauvais élèves ? l'Irlande (5,7 %), le Luxembourg (4,2 %), suivis de la Belgique (3,9 %), de l'Espagne (3,7 %) et du Portugal (3,6 %). Les meilleurs ? l'Allemagne (2,6 %), la France (2,3 %) et l'Autriche (2,2 %). Le ton entre États membres commence même à monter. Récemment, l'Espagne a été accusée d'être trop inflationniste, tandis que les yeux de beaucoup d'experts se concentrent sur la surchauffe irlandaise.

Comment comprendre une telle évolution ? Faut-il s'en inquiéter ? Il y a quelque temps, la Banque Centrale Européenne avait commencé d'analyser ce phénomène. Les raisons alors invoquées mettaient en avant des facteurs spécifiques et temporaires. Spécifiques, car les structures de consommation diffèrent entre pays, ce qui peut entraîner des écarts d'inflation alors même que les prix des biens et des services sont identiques. Temporaires, car les pays n'en sont pas tous au même stade d'évolution dans leurs politiques de libéralisation des prix et d'évolution de leurs taxations. Selon la BCE, les différences de situation cyclique parvenaient à expliquer jusqu'à 80 % des écarts constatés. Pas de vrai souci donc. En théorie, il suffit donc pour réduire ces différences, de mettre l'accent sur la dynamique concurrentielle, avec ce qu'elle implique de transparence sur les prix et d'intégration croissante des marchés. C'est ce qui s'est passé avec l'automobile, bien par nature comparable et transportable, mais pour lequel les producteurs avaient développé des pratiques de segmentation (garanties, services, pièces détachées...) de façon à maximiser leurs profits. Les régulations de la Commission d'un côté, la naissance de revendeurs de l'autre, réduisirent bientôt ces différences de prix. L'introduction effective de l'euro, et plus encore le commerce électronique, vont contribuer aussi à uniformiser les politiques commerciales.

Pour autant, l'analyse ne semble pas complète. Ces écarts ne pourraient-ils pas traduire des événements plus positifs, comme on l'entend dire dans certains pays ? C'est ici qu'intervient la thèse pro-

---

* 11 décembre 2000

posée par Bela Balassa, théoricien des échanges internationaux et Paul Samuelson, Prix Nobel d'Économie en 1970. Elle fonde une part importante de la théorie des prix en zone monétaire, et donc du débat sur l'inflation en zone euro.

Leur idée de départ consiste à distinguer deux secteurs, celui qui produit des biens qui s'échangent (*tradable goods*) et l'autre des biens qui demeurent dans le territoire (*non tradable goods* : maisons, services...). Le premier est exposé à la concurrence : les écarts de prix s'y réduisent, d'importantes recherches de gains de productivité y ont lieu. Ce secteur connaît des hausses de salaires, mais qui ne se traduisent pas par une poussée des prix, productivité oblige. Ces rémunérations plus élevées poussent, en revanche, à des revendications et à des hausses dans le secteur abrité qui conduisent, elles, à des augmentations de prix. Au total donc, soutiennent les deux économistes, quand écarts d'inflation entre pays il y a, ils reflètent finalement, et c'est leur côté positif, la course aux gains de productivité et les effets de rattrapage salarial.

Si tel était le cas, on devrait pouvoir vérifier ces hypothèses à la lumière des situations économiques des États membres. Le taux d'inflation – relativement élevé – de l'Espagne serait donc le reflet d'une course aux gains de productivité ainsi que de tensions salariales. Or les statistiques montrent que la productivité du travail ralentit considérablement en Espagne ou au Portugal. Pour définir ce qui tire les prix à la hausse de l'autre côté des Pyrénées, il faut plutôt regarder du côté des effets de structure : un marché du travail encore trop peu libéralisé ; un taux d'emploi – proportion de la population active qui travaille – qui n'augmente pas ; des politiques budgétaires insuffisamment strictes.

On peut donc imaginer que la dynamique des prix en zone euro est plus complexe que ne laissent entendre les analyses en termes d'écarts de conjoncture ou d'effets de rattrapage. Les processus concurrentiels et structurels restent insuffisants, les politiques budgétaires trop accommodantes, tandis que la politique monétaire européenne est neutre (taux réel de l'ordre de 2 %). Le Pacte de Stabilité conclu à Amsterdam est assez loin. Les États ne coopèrent pas assez, en définitive. En même temps, la BCE affaiblie ne peut que mesurer la dynamique inflationniste en cours et se résoudre à hausser les taux d'intérêt, ce qui pourrait conduire à la stagflation (situation où coexistent inflation et absence de croissance économique). L'argument Balassa-Samuelson, important en théorie mais tant utilisé aujourd'hui en Europe pour expliquer la hausse actuelle des prix, est donc à manipuler avec grande prudence.

33 – La Bourse et la voie *

Si la situation boursière d'une firme se détériore et que ses salariés obtiennent une réappréciation du prix de leurs stock-options ou davantage d'options, la Bourse intégrera, outre la charge financière de cet ajustement, l'idée que les responsables ne croient plus à un retour aux cours antérieurs

Quels liens y a-t-il eu entre Bourse et activité économique au cours des derniers mois ? Quel type de relations établiront-ils à l'avenir ? Comment la politique monétaire les prend-elle en compte ? Si l'on considère d'abord la montée (passée) des cours de Bourse, on peut penser qu'ils ont soutenu la croissance. Les ménages qui avaient des titres se sentaient plus riches, et pouvaient donc dépenser plus. Ils pouvaient se dire aussi qu'ils avaient de quoi faire face aux imprévus, gager des emprunts nouveaux, estimer que leurs retraites seraient mieux assurées (cela, bien sûr, dans les pays à fonds de pension). Cet effet positif s'étendait aux autres ménages, ceux qui ne possédaient pas de valeurs mobilières, mais qui pensaient que la marche actuelle – et surtout future – des affaires était synthétisée par le marché boursier. Une étude américaine montre ainsi que les cours boursiers sont généralement utilisés comme un indicateur avancé de l'activité par les ménages (Maria Ward Otoo, Board of Governors of the Federal Reserve System, novembre 1999).

Jusqu'à présent, pour les entrepreneurs, la montée des Bourses permettait de s'endetter plus facilement ou, mieux encore, de se financer par émission d'actions. Elle permettait aussi, dans le cas d'offre publique d'échange (OPE), de payer en papier la croissance externe. Un pays dont la croissance boursière dépassait celle des autres nations, attirait des capitaux ; sa valeur de change s'élevait. Le pays importait de la désinflation. Au total, il avait une croissance non inflationniste plus forte, soutenue et financée sans problème, avec des capacités d'extension hors des frontières.

Symétriquement, pour le pays dont les performances boursières étaient moins bonnes, le processus inverse se mettait en place. Une part croissante de ses avoirs cotés était détenue par l'étranger, avec à

---

* 27 février 2001

terme des effets structurels lourds. Si les performances boursières devenaient franchement mauvaises, sa propre Bourse pouvait entrer en crise, voire disparaître. C'est ce qui s'est passé avec la Bourse belge, qui a beaucoup souffert de sa taille relative jusqu'au regroupement dans Euronext. C'est aussi ce qui se produit dans les pays émergents, où les entreprises les plus importantes entendent se faire coter dans un grand centre (New York pour l'Amérique latine). Ce phénomène entraîne aussi une concentration des places boursières.

La progression des places boursières accélère la croissance et les restructurations. Mais vient un moment où son effet sur la formation des prix des autres actifs (terre, immobilier), puis des prix courants, inquiète les banquiers centraux. Ils pourront alors parler d'exubérance irrationnelle des marchés, comme le fit Alan Greenspan, le président de la Réserve fédérale américaine le 5 décembre 1996. Qu'implique, en sens opposé, une correction boursière ? Il est clair que la baisse, pas plus que la hausse, ne peut laisser insensible l'activité dite réelle. Il faut savoir aussi que les effets à la baisse ne sont pas symétriques des effets haussiers, étant plus rapides et plus violents. Assez vite, les ménages revoient la nouvelle valeur de leurs avoirs. Ils peuvent penser à réajuster leur patrimoine. C'est le fameux effet Pigou (1877-1959), selon lequel les agents conserveraient par-devers eux un même pouvoir d'achat en encaisse, ce qui, bien sûr, accentue les effets récessifs des corrections. L'idée de s'endetter encore, de dépenser plus est proscrite. Celle de dépenser moins gagne.

Ce qui est nouveau, c'est que la Bourse intervient plus directement dans les comportements. Les entrepreneurs doivent éviter d'émettre un signal négatif sur leurs profits futurs (le fameux « profit warning ») pour éviter autant que possible la baisse de cours qui s'ensuit et qui peut mettre à mal l'indépendance de leur firme. Ils vont donc agir le plus en amont possible du ralentissement annoncé. Ce sera le temps des économies et de la recherche de gains de productivité côté coûts, et des actions commerciales côté revenus, pour soutenir la rentabilité du capital. En même temps, un nombre parfois significatif de salariés, en tout cas les plus importants, dispose de stock-options, c'est-à-dire de revenus différés fonction de la valeur future de l'entreprise. Dans le cas de la baisse du cours, ils concourront avec ardeur à la mise en œuvre des corrections nécessaires (une part significative de leur patrimoine est en jeu).

Si la situation boursière de la firme se détériore encore et que les salariés demandent – et obtiennent – une réappréciation du prix de leurs stock-options antérieures (en anglais un « repricing ») ou davantage d'options, la tension sera plus forte encore. La Bourse intégrera en effet, outre la charge financière de cet ajustement, l'idée que les responsables ne croient plus à un retour aux cours antérieurs. C'est ce qui se passe dans la nouvelle économie, même chez les plus grands comme Microsoft. Actuellement, le rôle de ces comportements microéconomiques liés aux actifs boursiers est sous-estimé. Or l'économie y devient de plus en plus sensible, peut-être autant qu'aux taux d'intérêt. Certains auteurs mettent alors en avant l'intérêt d'une intervention de la banque centrale pour éviter les envolées des cours et lisser l'appréciation des actifs. Leurs opposants soulignent les difficultés de l'opération : comment connaître les vraies valeurs des titres et apprécier les stratégies des firmes ? Pourquoi se mettre à la place des acheteurs qui ont leurs raisons et leurs attitudes face au risque ?

La banque centrale qui agit en tenant compte de la Bourse, ne peut-elle se trouver prise au piège, cas classique d'aléa moral, et forcée de tenir les cours en cas de correction trop sévère ? Mais, répondent les premiers, que se serait-il passé si la Banque du Japon avait calmé le jeu boursier en 1980 ? Et si l'autorité de Hong Kong n'avait pas, en juillet 1998, tenu la Bourse ? Au-delà de ces oppositions, il faut sans aucun doute que la banque centrale renforce son contrôle prudentiel. Il faut que les entreprises et les particuliers ne s'endettent pas trop et que les banques ne prêtent pas trop aisément. La Bourse montre la voie, et peut donc aider la politique monétaire. Mais à condition que la banque centrale lui évite de se dévoyer.

34 – Des taux et des mots *

La politique monétaire est en train de faire repartir la machine économique, tout d'abord en tempérant le ralentissement. Elle montre, en accentué et en accéléré, sa logique fondamentale : stabiliser les anticipations, et donc l'activité

Le 17 septembre 2001, premier jour d'ouverture de Wall Street après le drame de New York, la banque centrale américaine (la Fed) a abaissé ses taux d'intérêt de 0,5 %, suivie de la Banque centrale européenne (BCE) pour le même montant ; les jours précédents, les banques centrales avaient déjà injecté des liquidités... Bien sûr, nul ne peut dire si ceci suffira. Mais il est clair que les deux principales banques centrales du monde ont réduit les risques d'une crise financière, abaissé les taux d'intérêt à court terme, influé à la baisse sur la formation des taux à moyen et long termes (à trois, cinq, dix ans, ce que l'on appelle la courbe des taux).

Au moment où la prime de risque sur le monde venait de monter, ces banques ont fourni les moyens de la faire décroître. Dans les faits, et donc dans les esprits, des conditions nouvelles d'emprunt et de placement, mais aussi des conditions d'évaluation des prix des actifs plus favorables se mettent actuellement en place.

À l'opposé, si les taux avaient monté, un euro coté à terme aurait aujourd'hui, en termes actualisés, moins de valeur. La valeur des actifs, qu'il s'agisse des actions des entreprises ou de l'immobilier, en aurait été dépréciée, et les intentions d'investissement réduites d'autant. La politique monétaire est ainsi en train de faire repartir la machine économique, tout d'abord en tempérant le ralentissement. Elle montre, en accentué et en accéléré, sa logique fondamentale : stabiliser les anticipations, et donc l'activité.

Une banque centrale agit en fonction de certains objectifs, par un certain taux, et avec certains mots. Son objectif premier est la stabilité des prix à moyen terme, son principal outil une indépendance de plus en plus forte dans le maniement des taux d'intérêt. Ce faisant, elle balise les anticipations des agents économiques. Les entreprises vont établir leurs calculs d'investissement en anticipant une évolu-

---

* 25 septembre 2001

tion modérée des coûts, et donc régler en fonction leurs programmes d'expansion et de recherche de productivité. Les ménages vont ajuster leurs décisions en consommation, endettement et placement.

Le taux est celui de l'argent que la banque centrale fournit aux banques qui se refinancent auprès d'elle (taux des « Fed Funds », les fonds fédéraux américains, ou le « Refi », le taux de refinancement de la BCE). En effet, en octroyant des crédits, les banques se trouvent elles-mêmes en besoin de trésorerie. Donc, si les conditions faites par la banque centrale, banque des banques, sont amples (autrement dit peu coûteuses), elles seront d'autant plus enclines à emprunter auprès d'elle pour faire ensuite plus de crédits aux entreprises et aux ménages. De proche en proche, cette action sur les taux à court terme entend influencer les taux à moyen terme… ce qui n'est jamais automatique.

Si en revanche la conjoncture devient trop forte et potentiellement inflationniste, la banque centrale durcira son dispositif et les banques commerciales reverront leurs modalités de crédit, en étant plus exigeantes sur les conditions et garanties. En même temps, les marchés entendront le message : les prêteurs à long terme demanderont une prime de risque pour placer (risque d'inflation) ; entreprises et ménages réduiront leurs programmes. L'argent est devenu plus cher, l'horizon s'obscurcit.

Cette action monétaire, parce qu'elle agit sur la croissance, son intensité et ses déséquilibres, affecte en outre le taux de change, à la hausse si l'on perçoit que la situation est saine et la politique monétaire bien menée, ou inversement à la baisse. À son tour, cette évolution du change doit être prise en compte par la banque centrale, car elle peut affecter les prix importés et les prix internes. On comprend que cette intervention en amont sur les taux de refinancement, qui entend influencer les décisions des banques face à des demandes de crédit, ainsi que les comportements à long terme de placement et d'emprunt, ne peut être automatique ou immédiate. Il faut que la manœuvre soit complète et crédible. Ainsi, une politique de hausse des taux pour calmer la conjoncture doit aussi agir sur l'idée que se font les entrepreneurs de l'avenir. Du fait qu'ils revoient alors à la baisse leurs programmes d'investissement et d'embauche, l'idée passe peu à peu dans les faits. Il faut aussi que la hausse du prix des refinancements « monte » dans celui des crédits, c'est-à-dire que les banques augmentent effectivement leurs conditions, que les marchés financiers prennent la banque centrale au mot et la relaient. Rien n'est mécanique !

De plus, l'action des banques centrales est dissymétrique : il est plus facile de freiner la machine en haussant les taux que de la relancer (ce qui est l'objectif actuel) en les abaissant. D'où les interrogations sur la politique monétaire, l'importance et la durée de ses effets. Ceux-ci tiennent à la situation économique (trop forte ou déprimée), aux structures (poids du crédit dans les financements et décisions des agents économiques), à la banque centrale elle-même (qualité des analyses, volonté correctrice, influence). La politique monétaire n'est donc pas seulement une question de taux et de différentiels de taux, mais aussi de messages et de conviction, bref, de crédibilité. D'où l'idée de demander aux gouvernements de mieux gérer leurs budgets et d'en appeler à la sagesse privée des prix et des salaires pour faciliter son rôle. Les taux rejoignent les mots. Comme on le voit, la politique monétaire est complexe, subtile, dissymétrique. Elle agit sur un point limité de la vie économique, le refinancement bancaire, dans un monde dominé par les marchés financiers, avec l'idée d'infléchir le tout. D'où l'importance des débats sur ses objectifs, en particulier sur le dosage entre inflation et croissance. On comprend également la difficulté d'une banque centrale à fonctionner quand son indépendance et/ou sa crédibilité ne sont pas fortes, ou encore quand les influences externes deviennent significatives. Ce qui est évidemment le cas actuellement. La politique monétaire est aussi très politique.

V - ET PLUS ENCORE DANS UN MONDE DE PLUS EN PLUS INCERTAIN

35 - Tornades et références *

Les modèles économétriques sont fondés sur des régularités. Il est donc hors de leur portée de dessiner l'effet d'une crise majeure, par exemple sur la Bourse

Quand on lit les analyses des spécialistes météo sur la tornade qui a dévasté une grande partie de la France, quand on voit ce qui se passe aux abords de nos côtes, entre prévisions et réalisations, on peut penser à d'autres phénomènes, de nature économique ceux-là, venus ou à venir, et à leurs références analytiques.

Les dangers de la vision « Gauss » : la première référence concerne la prévision et l'analyse des catastrophes. Les experts de la météo ont indiqué qu'il aurait fallu davantage de capacités de mesures, installées plus au large des côtes, pour comprendre l'ampleur et la spécificité du phénomène. Ils ont souligné aussi que les modèles mathématiques qui figurent les dépressions et prévoient leurs développements incluent des formulations qui prennent en compte des séquences (et des ordres de grandeur) qui se sont déjà produites dans le passé. Il leur est donc très difficile de figurer des dynamiques aussi extrêmes que celles que nous venons de connaître...

* 18 janvier 2000

Comment ne pas se souvenir ici de la crise de la petite Thaïlande, perçue un temps comme une correction localisée et aisée à circonscrire, avant qu'elle se répande et s'accélère ? Elle a couché l'économie indonésienne, courbé celles de Corée et de Singapour, ébranlé Taïwan et la Chine populaire. Un autre foyer à problèmes, la Russie, a ensuite précipité une nouvelle vague de difficultés, affectant le Brésil, allant jusqu'à faire vaciller le Dow Jones, nécessitant l'intervention de la banque centrale américaine, la Réserve fédérale.

L'économiste est souvent désemparé devant ce type de dynamiques, d'interdépendances, d'accélération des phénomènes de propagation. Il travaille à l'ombre de logiques « gaussiennes » – du nom du mathématicien allemand, notamment connu pour ses travaux sur la probabilité considérant les cas extrêmes comme peu envisageables. La réaction « moyenne » était le pain quotidien de Carl Friedrich Gauss et les réactions qu'il a étudiées ne pouvaient être liées qu'à des chocs de moyenne ampleur. Les modèles économétriques sont fondés sur des régularités : il s'agit de savoir quel est l'effet, par exemple sur l'investissement ou sur la consommation, de dynamiques de taux d'intérêt ou de prix appréciées sur des années. Il est donc hors de portée de ces modèles de dessiner l'effet d'une crise majeure, par exemple sur la Bourse.

Par construction, les travaux qu'on lit aujourd'hui sur les conséquences d'une baisse de Wall Street de 30 % sont ainsi assez apaisants, car il leur est impossible de concevoir les effets en chaîne d'un krach sur les autres Bourses ou sur les comportements d'agents qui, soudain, pourraient se sentir trop endettés et décideraient, ensemble, de réduire leurs recours aux circuits financiers. Nous vivons dans un monde que nous représentons comme « gaussien » et élaborons des scénarios extrêmes (baptisés « *worst cases* ») à l'ombre d'outils par nature impropres, ce qui nous fait peut-être sous-estimer la fréquence réelle des risques, en tout cas leur gravité, et donc les protections nécessaires.

Les vérités de l'effet « Sauvy » : on connaît les remarques du célèbre économiste Alfred Sauvy sur les limites du produit intérieur brut (PIB) perçu comme indice de création de richesses. Il ne manquait pas une occasion de dire qu'épouser sa bonne (nous étions dans les années 50) faisait baisser le PIB : la mariée passant du statut de salariée créatrice de valeur ajoutée à celui de femme à la maison, comptablement improductive. Alfred Sauvy notait aussi qu'un embouteillage augmentait le PIB, comme toute panne, destruction ou catastrophe. Que dire donc des effets dynamiques de la tempête passée, des arbres arrachés ou des marées noires ? Notre comptabilité de flux, uniquement additive, marque bien, ici, ses lacunes et dévoile les erreurs qu'elle nous fait commettre.

Les limites de l'approche « Coase » ou la naïveté du principe payeur-pollueur : rien de plus simple en théorie qu'un tel principe : qui casse paie. Encore faut-il que l'on sache qui a cassé (c'est le problème de la responsabilité et de la traçabilité) et que le coupable paie (il faut qu'il le veuille, qu'il y soit contraint, qu'il le puisse). On se rappelle les longs procès de l'Amoco Cadiz ; on verra les futurs.

En outre, les effets d'aléa moral liés à l'assurance vont se développer : si le risque est assuré, la vigilance pourrait s'estomper. Dans des eaux internationales, des bâtiments à pavillon de complaisance sont ainsi les vecteurs idéaux d'une quête de rentabilité forte, avec des dangers énormes. Le risque prospère quand le droit s'estompe, *a fortiori* s'il peut se couvrir. Il est donc indispensable de développer des instances de régulation et de créer une organisation mondiale de leur maillage, afin de s'assurer des qualités des coques ici, des entretiens des ailes et moteurs là, des étanchéités des tubes et cuves nucléaires ailleurs.

Le principe pollueur-payeur suppose un monde dual, hypothèse retenue par Ronald H. Coase, Prix Nobel d'économie en 1991, dans son analyse concernant agriculteurs et éleveurs. Si le droit de culture est reconnu, alors les éleveurs devront négocier les conditions de passage de leurs troupeaux. Si c'est le droit de pacage qui est reconnu, alors les agriculteurs devront négocier les conditions de bornage des champs. S'il y a droit à polluer, il y a, d'un côté, un niveau de pollution à accepter par l'homme de la rue, et de l'autre un niveau à ne pas dépasser par l'entrepreneur.

Mais tous les effets externes ne peuvent être traités ainsi. Nous entrons dans un monde plus complexe, plus interdépendant, plus concurrentiel. L'édiction de normes et leur suivi deviennent indispensables, même si l'on sait que celles-ci engendreront des coûts supplémentaires, même si l'on connaît les résistances des pays moins développés, et même si l'on imagine facilement les effets de concentration qui peuvent s'ensuivre, avec, à la clef, la stabilisation de la croissance future.

Gauss, Sauvy, Coase : une liste non exhaustive qui nous invite, par réaction, à voir le monde comme plus extrême, plus risqué, plus complexe. Et donc à souhaiter qu'il soit plus ouvert à de nouvelles comptabilités, plus perméable au droit, plus soucieux du management des risques, et surtout plus transparent.

36 – Économie du terrorisme *

La destruction induit des problèmes d'assurances ; elle change les comportements futurs, avec des effets négatifs à court terme. Sa portée systémique oblige à des soutiens publics, qui réduisent les marges de manœuvre des États et comportent des risques à moyen terme (déficits, impôts, inflation, dévaluation...)

L'horreur ne doit pas empêcher de raisonner, au contraire. Les outils de l'analyse économique peuvent nous aider à comprendre les actes terroristes et leurs effets, à saisir leur logique et à réagir d'une manière plus efficace.

Les marchés financiers, les ménages et les entreprises font actuellement ce travail, en sachant bien que le terroriste se glisse (en partie) dans la tête de ses victimes, puisqu'il entend influencer leurs actes. Il faut donc utiliser l'économie pour savoir comment le terroriste s'en sert, contre elle et contre nous, afin de pouvoir riposter. Selon cette démarche, le terroriste est, d'une certaine manière, rationnel, mais aussi déséquilibré.

Rationnel d'abord, car il entend maximiser ses intentions destructrices en fonction des moyens dont il dispose, évidemment plus faibles que ceux de ses adversaires. Il cherche un effet multiplicateur, une espèce de rendement maximal de la violence. Mais son calcul est très déséquilibré : il survalorise les dommages (économiques et politiques) qu'il fait subir, il minimise la question des « victimes innocentes » et sous-pondère les réactions hostiles vis-à-vis de lui et de ses proches. Le terroriste est donc très peu sensible au risque immédiat qu'il fait peser sur son propre camp. Il fait ses calculs sur deux horizons discontinus. Le premier est celui où il lance l'attaque, avec ses effets directs et indirects. Le second est celui de la notoriété gagnée (pour lui et pour ses idées), et de ce qu'il aura révélé de l'adversaire (faiblesses, intérêts, etc.).

Le terroriste n'adopte pas une démarche d'institution, d'État ou de système, car, par son attaque, il veut placer ses successeurs dans une position qualitativement supérieure à la sienne... pour continuer le

* 29 octobre 2001

combat. Entre États, gagner la guerre veut dire gagner « l'après-guerre », réussir à gérer l'entité gagnée, obtenir un statut international pas trop dégradé. Entre systèmes, comme ce fut le cas entre Est et Ouest, les frictions restent périphériques. Le jeu des adversaires est double : aucun ne doit franchir la limite qui pousserait l'autre dans un enchaînement catastrophique pour les deux camps (« équilibre de la terreur ») ; chacun mène une guerre économique d'usure. Il y a donc bien concurrence d'efficacité entre les deux systèmes, de manière à obtenir une croissance suffisante pour financer les volets « pacifique » et « violent ». Ces jeux, entre États ou systèmes, sont responsables. Il y a certes conflit, mais aussi coopération sur les bornes à ne pas franchir. La stratégie ne se mène pas sur deux périodes discontinues, mais sur des jeux répétés : les deux joueurs entendent « gagner », c'est-à-dire vivre, à l'opposé du kamikaze.

La logique terroriste, celle donc d'une rationalité déséquilibrée sur deux horizons discontinus, est connue des marchés. Ce qui ne les empêche pas d'être désorientés. Pour réagir, ils vont donc calculer les effets des actions terroristes à court et moyen terme. À court terme, il s'agit pour eux de comprendre la stratégie du terroriste : nombre « d'attentats » qu'il entend mener dans sa montée aux extrêmes, ses possibilités de les réaliser, leurs effets prévisibles. L'acte terroriste étant multiplicateur, il vise à polariser les anticipations des agents. Les voilà, de plus en plus nombreux, à se montrer davantage inquiets et à rechercher des activités plus sûres. La prime de risque augmente, ce qui réduit les propensions à consommer (notamment en biens durables, en services perçus comme exposés), à investir (notamment en projets longs), et plus encore à investir à l'étranger (notamment lointain et problématique).

La première conséquence à court terme est donc récessive. Elle pousse les acteurs à être plus « liquides », à chercher une croissance plus intensive qu'extensive. Les banques centrales doivent donc baisser leurs taux et fournir la liquidité, pour diminuer la prime de risque. Les budgets publics se creusent, mécaniquement car l'activité faiblit, et volontairement afin de contrer les pertes sectorielles et d'organiser le rebond. Acteurs et marchés vont s'interroger sur le nombre d'attaques susceptibles d'être lancées par les terroristes avant que ceux-ci ne soient mis hors d'état de nuire : elles font en effet monter la prime de risque, selon les mécanismes de propagation mis en œuvre. L'attentat du World Trade Center peut ainsi être analysé – que l'on comprenne ici la froideur des propos – comme une destruction à « portée systémique ». La destruction induit des problèmes d'assurances ; elle change les comportements futurs, avec des effets négatifs à court terme. Sa portée systémique oblige à des soutiens publics, qui réduisent les marges de manœuvre des États et comportent des risques à moyen terme (déficits, impôts, inflation, dévaluation...). Le bioterrorisme s'inscrit dans cette même logique, s'il est avéré qu'il est lié au même auteur, mais en aggravant la portée systémique de l'acte, et en faisant s'interroger sur les réponses, notamment monétaires. Il pousse à la panique, aux polarisations mimétiques familières aux marchés, notamment financiers, en période de crise. Dans ces conditions, l'anticipation de la pénurie fait la pénurie ; la menace crédible suffit à créer le chaos. Il faut donc, évidemment, arrêter au plus tôt la menace et sa source, mais aussi mener des actes symboliques indiquant qu'elles ont disparu. Un effet d'hystérésis survient néanmoins, avec la mise en place d'une économie de la protection et de la vigilance. En outre, cette dernière ne peut qu'affecter la productivité et la croissance, telles qu'on les mesure actuellement : qualité et sécurité échappent largement à la comptabilité, surtout nationale.

À plus long terme, le terreau du terrorisme reste l'ignorance, la peur, la misère. Il faudra donc s'interroger, avec les marchés, sur les conditions d'une croissance durable et soutenable, sur des centres de décision mieux répartis, sur le rôle des régions, comme l'Europe, pour mieux intégrer centre et périphérie. Investissements et actions, de formation notamment, seront indispensables. « Dépenses improductives » selon certains : il faudra expliquer qu'on ne gagne pas contre le terroriste sans investir en capital humain.

37 – La confiance du consommateur *

L'économie moderne est de plus en plus une économie de contrats, d'abonnements, de débits automatiques. Par différence, la partie dite libre du revenu est très largement liée aux services : hôtels et restaurants, tourisme et vacances, luxe et culture, loisirs... Son poids dans la consommation est significatif

« Or donc, vous, maîtresses de maison pleines de patriotisme, élancez-vous dans les rues demain dès la première heure et rendez-vous à ces mirifiques soldes que la publicité nous vante partout. Vous ferez de bonnes affaires... Et offrez-vous, par-dessus le marché, la joie de donner plus de travail à vos compatriotes. » Janvier 1931 : John Maynard Keynes parle à la radio anglaise. Le début d'année n'est guère enthousiasmant : la crise fait rage, les baisses de taux d'intérêt ne peuvent raviver la consommation... Novembre 2001 : voici que des questions semblables se posent à nous. Au Japon, les taux sont à 0 % et l'inflation à – 0,6 % ; aux États-Unis, les voilà à 2 % pour 2,5 % d'inflation ; en Europe, à 3.25 % pour 2,2 % d'inflation. Les baisses de taux d'intérêt ne suffiraient donc plus pour faire repartir la consommation ? La « confiance du consommateur » est-elle si faible que seule resterait l'arme des déficits budgétaires massifs à financer – dans quelque temps – par l'inflation ? Le Japon qui est dans l'impasse, le ralentissement de la demande aux États-Unis et en Europe, les événements tragiques survenus le 11 septembre mettent en avant le rôle décisif de la consommation et font remonter à la surface les idées noires des années 1930. De fait, la consommation représente aujourd'hui les deux tiers de la demande à court terme. De plus, à moyen terme, ce qui n'est pas consommé est investi, donc destiné à produire des biens, un jour ou l'autre consommés. Le parallélisme opéré avec les années 1930 est compréhensible, compte tenu des difficultés à prévoir la consommation, somme de décisions de ménages qui peuvent dépenser aujourd'hui ou demain, ceci ou cela, ici ou ailleurs. On résume d'ailleurs cette incertitude, ou cette ignorance, sous un vocable commode : la « confiance du consommateur ». Il existe, en effet, un grand écart dans la manière dont les

* 20 novembre 2001

ménages, d'une période à l'autre, peuvent choisir de dépenser ou de conserver une part de leur argent.

Côté ressources, ils disposent de leur revenu, auquel on peut ajouter leur épargne, leur emprunt et leur capacité d'emprunt ainsi que la possibilité de vendre des actifs. Côté dépenses, le choix est vaste : d'une consommation minimale à celle qui les ferait vivre au-dessus de leur revenu, grâce à l'endettement. Le progrès économique accroît l'étendue de ce spectre et, par ricochet, l'incertitude théorique de la consommation. Théorique cependant, car, hors périodes de guerre ou de crises sociales, la latitude de la consommation n'est pas si extrême, d'autant que beaucoup d'efforts sont faits pour la réduire.

Côté ressources, le point d'ancrage est le revenu, autant dire l'emploi et sa solidité. La confiance a ainsi une double base : la situation du ménage sur le marché du travail, et l'idée qu'il s'en fait. Cette dernière agrège la perception de l'entreprise où il travaille, et celle des entreprises en général, le fameux « climat des affaires ». Côté ressources encore, s'endetter ou puiser dans ses réserves sont liés à des mécaniques précises. Ce sont les banques qui gèrent le crédit, donc leurs actionnaires, les régulateurs et in fine, la banque centrale. C'est ce système qui conseille, teste les risques, les agrège. Et donc lui, qui, globalement, pousse, ou freine, le crédit.

La dépense est fonction, elle aussi, d'un certain nombre de facteurs. Le niveau de « subsistance » varie selon le stade de développement du pays. Les actes de consommation sont structurés par l'équipement du ménage (le four ou le four à micro-ondes, les systèmes de réfrigération et de stockage de la nourriture...), la taille de l'appartement, son éloignement par rapport au lieu de travail... Une part croissante des budgets correspond à des engagements fixes : logement (loyer ou équivalent, impôts et taxes, assurances, chauffage et éclairage...), automobile (coût plus assurance, essence, entretien), téléphone, télévision... L'économie moderne est, de plus en plus, une économie de contrats, d'abonnements, de débits automatiques. Par différence, la partie dite « libre » du revenu est très largement liée aux services : hôtels et restaurants, tourisme et vacances, luxe et culture, loisirs... Son poids dans la consommation est significatif. Elle croît, synonyme de progrès économique, mais représente le lieu majeur de l'incertitude.

Emploi et anticipation de l'emploi côté ressources, ampleur des dépenses « libres » côté consommation sont ainsi les origines et les manifestations majeures de cette « psychologie du consommateur ».

Elles s'insèrent dans un système d'habitudes, de règles, de filières de consommation qu'il a établies. Mais ce cadre est lui-même fonction du développement économique et social. Dans ce contexte, la stabilisation des modes de consommation, plus encore leur progression, sont fondamentales pour les firmes. À leur niveau, le Consumer Relationship Management (CRM) vise à rechercher et établir dans le détail les comportements des consommateurs, en fonction de leur revenu, de leur catégorie sociale, de leur type d'activité, de leur localisation, de leurs affinités... Il fournit des bases de données pour proposer des produits nouveaux, des combinaisons, des engagements (abonnements pluriannuels, cartes de fidélité...).

Au niveau macroéconomique, le souci de la « psychologie du consommateur » est également croissant. Il se développe avec la latitude supposée de la consommation, donc avec son rôle potentiel sur la conjoncture et l'emploi. Parler de « psychologie » peut ainsi conduire à souhaiter un État plus interventionniste, qui pousserait les taux d'intérêt au minimum, puis les déficits publics au maximum. Cette « psychologie » liée à l'inconnue des comportements de chacun, représente notre liberté microéconomique. Mais elle fonde aussi notre responsabilité macroéconomique. « Nous souffrons, en ce moment précis, d'un grave accès de pessimisme économique... Nous souffrons non pas des rhumatismes de la vieillesse, mais des troubles de croissance dus à des changements d'une rapidité excessive. » Keynes, encore une fois...

38 – L'appréciation du risque *

Le risque est lié au hasard, à l'incertitude : un événement peut ou non survenir, il implique un gain ou une perte, donc présente un risque. Le risque est la matière première de l'activité financière. Or les financiers rencontrent la même difficulté que le commun des mortels : il faut, pour gagner, accepter des risques, mais estimer le risque n'est pas facile.

Choisir ses vacances : la météorologie étant une figure familière de l'incertitude, prenons l'exemple d'un vacancier amateur de plages ensoleillées qui aspire au calme et doit choisir un lieu de villégiature. Un premier choix s'offre à lui. La côte méditerranéenne, où il est plutôt assuré d'un ciel clément, mais que nombre de vacanciers choisissent déjà. La sécurité météorologique a donc son revers : encombrements, attentes, surcoûts... La Bretagne, où la pluie est plus probable, mais la fréquentation moindre. Les vacances seront meilleures s'il y fait beau, mais moins bonnes s'il pleut.

Cette alternative illustre l'adage : qui ne risque rien n'a rien. En généralisant : plus la région est météorologiquement risquée, moins elle sera fréquentée et donc plus il y a à gagner si le soleil est de la partie. Le rendement s'accroît bien avec le risque.

En réalité, un troisième choix se présente : une île des Caraïbes. Soleil et repos sont plus sûrs qu'en Bretagne, mais pas totalement cependant puisque ces régions tropicales ont connu des cyclones, il y a donc de très fortes chances pour que les vacances soient bonnes, et une probabilité, minime certes mais non nulle, qu'elles soient calamiteuses. Est-il alors « risqué » d'opter pour les Caraïbes ? Non, dira l'un, puisque soleil et calme sont quasi assurés. Oui, dira l'autre, parce qu'il y a gros à perdre là-bas.

Estimer le risque : dans les régions tempérées, l'éventail des possibles reste contenu dans des limites connues. Estimer le risque est, au moins en théorie, assez aisé. Pour le financier, il s'agit d'investir dans un actif quelconque (titre, devise, crédit...) qui varie dans des zones assez précises. La démarche consiste donc, au vu de la courbe, à apprécier sa « variabilité ». Cela correspond en pratique à un calcul précis : les valeurs passées de l'actif (sa représentation graphique) sont supposées représenter la réalisation d'un processus aléatoire, comme s'il s'agissait de l'expérience répétée d'un jeu de

* 9 septembre 1997

hasard. Le principe est alors de calculer pour ce jeu l'espérance de rendement et l'écart type, ce dernier étant précisément l'estimation du risque. Si une expérience donne avec des chances égales un gain et une perte de 1 et une autre donne un gain ou une perte de 10, la deuxième expérience est bien sûr dix fois plus risquée (son écart type est de 10, contre 1 pour la première).

Les actifs dont les espérances de rendement sont les plus fortes sont alors évidemment les plus risqués. La sécurité, comme la Côte d'Azur, attire les épargnants, ce qui réduit le rendement Le travail du financier est donc d'apprécier les différents risques, puis de les sélectionner en fonction de ce qu'il s'estime prêt à perdre : il met ainsi en place des procédures dites « d'allocation », qui consistent à estimer le rendement et le risque d'un panier de différents actifs.

Quel risque choisit-on ? Mais la finance, l'histoire le montre, peut aussi connaître des cyclones : krachs boursiers, crises monétaires, hyperinflation… Si bien que, quel que soit le produit financier que l'on considère, il n'est jamais aisé de savoir à quel choix on a effectivement affaire : Côte d'Azur-Bretagne ou pays tempéré-Caraïbes ?

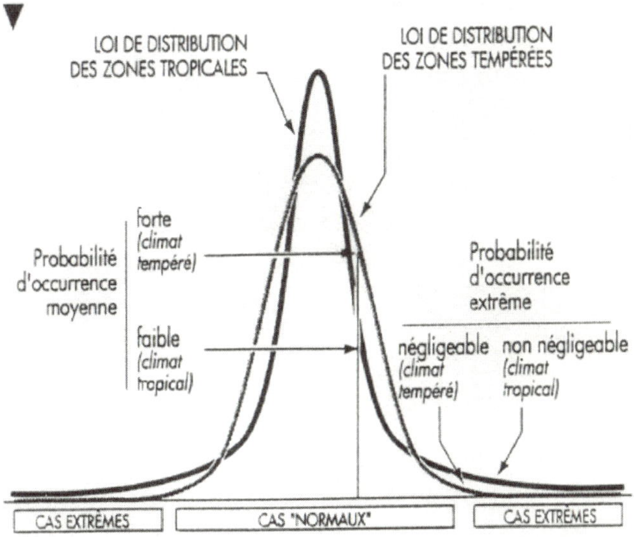

Prenons le cas d'un portefeuille d'actions. Le rendement de l'action est *a priori* meilleur que celui de l'obligation (l'action, en particulier, ne doit pas se déprécier en cas d'inflation) mais l'action est plus volatile, donc plus risquée. L'action s'apparente donc, en première analyse, à la Bretagne et l'obligation à la Méditerranée.

Mais à long terme (ce qui hélas n'est pas très précis) l'action ferait plutôt penser aux Caraïbes. Celui qui prépare sa retraite en actions, en investissant aujourd'hui pour réaliser son placement dans vingt ans, est à peu près sûr de faire une bonne affaire. Sauf si, malheureusement, un krach boursier vient, juste avant les vingt ans écoulés, réduire brutalement sa richesse.

Quant à rester monétaire (soit en *cash*, soit en titres à très court terme), c'est en général choisir la sécurité sans pouvoir espérer de rendement magnifique. C'est en somme le choix de la Côte d'Azur... Sauf que les expériences d'hyperinflation, ou de dévaluation brutale, ont montré que la monnaie pouvait elle aussi fondre subitement ! Et inversement, quand le franc a été attaqué, une sicav monétaire a fourni un rendement appréciable. Alors : Caraïbes ?

Un processus qui laisse ouvertes des possibilités non négligeables d'occurrences extrêmes se distingue par une caractéristique particulière : son écart type théorique n'est plus défini. En finance, les calculs d'allocation trouvent alors leur limite : ils doivent être doublés de systèmes de prévision et d'alerte. Aussi les prévisionnistes disent : « *La tendance devrait* »... et poursuivent toujours « *sauf correction majeure* », ce qui n'est pas un manque de courage mais le pur reflet des situations de marché.

La maison bretonne aux Caraïbes : se protéger du risque suppose donc d'établir le bon diagnostic. Il ne rimerait à rien de construire aux Caraïbes une maison bretonne.

Alors, que bâtir aux Caraïbes ? Des forteresses, si on en a les moyens, sinon de simples cabanes que l'on abandonnera pour se réfugier dans un abri... public. Public, car, face à des crises sévères comme le krach boursier de 1987 ou la crise du peso de 1995, un sauveur providentiel va intervenir sous la forme du prêteur en dernier ressort. Il baissera les taux d'intérêt... mais quelle trempe !

Bref, on ne sait jamais vraiment le risque que l'on prend : c'est cela, le charme des vacances !

39 – Aléa de moralité *

À quoi a servi l'argent du Fonds monétaire international en Russie, argent attendu, reçu et encore demandé ?

Vous êtes bien assuré, très bien assuré même, contre le vol. Est-ce une raison pour laisser ouverte la porte de votre maison ? Un problème peut en effet naître du comportement adopté à l'issue d'un accord, ou d'un contrat, qui protège contre un certain risque. Étant entendu que cette conduite ou ce comportement demeureront cachés à la personne qui protège. Sans aller jusqu'au cas (criminel) où le protégé a tellement intérêt au sinistre qu'il l'organise lui-même, il existe un ensemble de situations où le coût du sinistre apparaissant réduit à celui qui le subit, sa préservation est moins recherchée.

Considérez une (grande) entreprise, une (grande) banque, une (grande) compagnie financière, une (grande) compagnie d'assurance, un (grand) *hedge fund* (fonds spéculatif), un (grand) État. Imaginez que pendant des années, l'entreprise ait emprunté, beaucoup, accru ses capacités, augmenté sa part de marché. Des crédits lui ont été accordés par une banque, des relations de confiance ont été nouées. Prenez un grand promoteur, un grand développeur, ou encore un État qui s'endette continûment. Imaginez ensuite un retournement de situation : un concurrent particulièrement efficace, une dévaluation dans un pays voisin… L'industriel a des difficultés, le bâtisseur n'écoule plus ses immeubles, le pays subit une perte de confiance. Faut-il alors fermer l'usine, arrêter la construction, laisser choir le pays ? Ou bien, dans le cas de l'entreprise, faut-il faire plus de crédit pour soutenir la production dans l'espoir que la situation se retourne, ou qu'un acquéreur se présente ? Le client est en fait devenu *too big to fail*, trop important pour faire défaut, à cause des effets en retour qu'une faillite aura sur la banque qui lui aura fait crédit. C'est un processus de même nature que l'on retrouve pour la grande banque, la grande compagnie d'assurance, le grand promoteur ou le grand pays : le problème naît des effets en chaîne que suscite la crise.

Viendront donc des crédits ou aides supplémentaires, de la banque, d'autres banques, de la Banque centrale, du Fonds monétaire international (FMI)… Il n'y aura pas sanction individuelle (au moins immédiate) de l'excès de dette, de la faute de management, à

---

* 12 janvier 1999

cause du risque systémique qu'une telle décision pourrait impliquer. Le comportement inefficace et/ou malheureux d'un grand acteur, qui le conduit à demander des ressources supplémentaires en étant presque sûr de les obtenir, crée en fait une situation de dépendance mutuelle créancier-débiteur.

Si l'acteur lui-même sait qu'il est *too big to fail*, l'aléa de moralité est objectivement constitué et déroule ses effets. L'entreprise sera tendanciellement moins prudente, moins pressée de se réformer, puisqu'elle sait qu'elle sera repêchée *in extremis*. Au lieu de restructurer en profondeur les *chaebols* coréens, l'argent du FMI permet de rembourser leurs dettes les plus criantes, autorise la continuation de leur activité et, à présent, de nouvelles extensions et acquisitions, donc de nouvelles dettes. Et à quoi a servi effectivement l'argent du FMI en Russie ou en Ukraine, argent attendu, reçu et encore demandé ? Si la Banque centrale d'un pays est prêteur en dernier ressort et a pour fonction de soutenir telle ou telle entité pour éviter un risque systémique, qui « tient » qui ? Si le FMI voit ses munitions doublées chaque fois qu'il soutient un pays qui n'a pas réduit son déficit budgétaire ou contrôlé l'endettement de ses firmes... qui « tient » qui ? L'aléa de moralité, avatar économique et financier de la dialectique du maître et de l'esclave, marque le fait que la sanction capitaliste individuelle (la faillite) est rendue impossible à cause de ses effets externes en chaîne.

Le cas se complique dès lors que les marchés financiers s'en mêlent : le mélange aléa de moralité + exubérance des financements fait flamber les monnaies et les Bourses. C'est ce qui s'est joué avec la Russie, et qui a raté, mais qui a eu lieu avec la Corée... et qui a réussi (malgré quelques frayeurs et pertes pour certains). L'aléa de moralité a également réussi au Mexique il y a quelques années, et la question de sa réédition en faveur du Brésil se pose dès maintenant avec acuité. Telle est la critique faite en permanence au FMI, d'être une sorte de garde-fou qui pousse à la folie.

Face à cet aléa de moralité, dont la source est l'action cachée, la solution est double : le contrôle, l'information. Le contrôle, c'est le contrôle du crédit, des acteurs, du marché, des capitaux ; l'information, c'est indiquer à l'extérieur, précisément, la situation de l'agent, les raisons de ses besoins financiers et l'usage des fonds qu'il reçoit. Informations sur la dette, sur sa nature, sur ses conditions (taux, durée, garanties...), informations sur les projets, informations sur les dirigeants : bref plus de *corporate governance* sont les véritables solutions. Puisque l'aléa naît de l'action cachée, c'est à la lumière de le résorber.

40 – Anticiper ou spéculer *

Les turbulences boursières venues d'Extrême-Orient sont souvent mises au compte de la spéculation. Mais ce terme reste obscur. À quelle activité mentale se livre le spéculateur ? Pourquoi la spéculation peut-elle créer de tels dysfonctionnements ? Une façon d'éclairer ces mécanismes est d'imaginer, à partir d'un événement récent, des scénarios fictifs. Le dernier conflit routier, bien qu'il n'ait heureusement pas tourné à la catastrophe, peut ainsi constituer un point de départ. Puisque les barrages routiers sont dressés pour interrompre les livraisons, ils créent un risque de rupture d'approvisionnement des magasins. Supposons alors que les consommateurs n'apprécient guère les privations et disons, pour l'histoire, qu'ils veulent éviter de manquer de sucre.

La tranquillité des anticipations rationnelles : dans le premier scénario, le consommateur est un calculateur désireux de gérer objectivement ce problème : combien de temps durera la rupture d'approvisionnement ? Quelle est ma consommation journalière de sucre ? Mettons qu'il estime qu'au pire le blocage durera quinze jours. Acheter par avance quinze jours de sucre assurerait donc sa tranquillité. Mais ce consommateur connaît aussi l'économie. Il sait que les commerçants ont fait le même calcul puisque le conflit routier était annoncé. Deux semaines de consommation sucrière sont donc déjà entreposées dans les hangars. Il est donc inutile d'acheter immédiatement la ration nécessaire.

L'affaire se passe donc tranquillement. Certes, l'opération a, au final, un coût, puisqu'il a fallu, avant le blocage des routes, assurer en une fois la production de quinze jours de sucre, engager les coûts de stockage, etc. Il s'agit précisément du coût du transfert dans le temps des ressources. Mais tout reste calme parce que les agents prennent leurs décisions au vu des données objectives du problème, ce que les économistes appellent les « fondamentaux » : la durée maximale prévisible du conflit, la consommation de sucre et même le coût qu'il y aurait à se tromper sur la durée du conflit face au coût du stockage de sucre. Ils forment des « anticipations rationnelles ».

La panique spéculative : imaginons maintenant que le consommateur s'interroge aussi sur ce que les autres consommateurs peuvent faire. Puisqu'il y a incertitude sur la durée du conflit et, puisque

* 2 décembre 1997

tous ne sont pas censés savoir que les commerçants ont pris leurs précautions, il est possible que certains consommateurs stockent immédiatement un peu trop. Les magasins ayant une capacité de stockage limitée, ces achats excessifs peuvent entraîner une pénurie plus tôt que prévu. Il serait donc prudent de ne pas trop tarder à se procurer la ration suffisante pour tenir jusqu'à la fin.

Mais le doigt est alors dans l'engrenage. Si supposer que d'autres peuvent acheter un peu trop conduit ce consommateur à se dépêcher un peu, il poursuivra le raisonnement. Puisque sa prudence l'amène à acheter prématurément, les autres l'anticiperont et prendront les devants. Pour avoir du sucre dès demain, il faut donc être plus rapide. Et puisque les autres peuvent aussi faire ce raisonnement...

Certes, se ruer d'emblée sur le sucre ne semble pas très raisonnable. Il est donc probable que notre agent n'accorde à ce raisonnement qu'une confiance limitée. Ainsi, la panique n'est pas fatale, mais elle devient possible. Imaginons alors une anecdote : un consommateur préoccupé par cette question croise au supermarché un client qui va gentiment confectionner les gâteaux d'un grand anniversaire et pousse un Caddie rempli de sucre. L'innocente étincelle pourra mettre le feu aux poudres. Notre consommateur avisé fera une razzia sur le sucre, ce qui n'échappera pas à un autre consommateur avisé, etc.

Une fois déclenchée la mécanique infernale, il se produit des choses étranges. Les barrages routiers n'entrent plus en ligne de compte. Même si l'approvisionnement de sucre reprend, chacun voit que les arrivages sont dévalisés. La production ne peut suivre une demande pléthorique, et chacun doit participer au mouvement pour ne pas subir de pénurie. Les fondamentaux objectifs n'interviennent donc plus dans l'histoire !

Et les mécanismes d'équilibre ne fonctionnent plus. Le gonflement de la demande de sucre devrait faire monter son prix, donc calmer la demande. Hélas, ce qui fonctionne alors est plutôt la « trappe à sucre » : puisque le prix du sucre va augmenter, c'est une raison de plus pour en acheter très vite !

En économie, l'agent qui agit en fonction de ce qu'il pense que les autres vont faire est un spéculateur. L'origine latine du mot renvoie à miroir *(speculum)* : je pense à ce que va faire l'autre, qui à son tour pense à ce que je vais faire.

Processus équilibrant ou cumulatif ? Dans les deux scénarios, les consommateurs sont avisés et calculateurs. Mais le premier « anticipe » à partir des données du problème, le second « spécule » sur la décision des autres. Cette simple différence peut faire basculer les logiques. Avec des agents qui anticipent, tout choc suscitera les réactions qui auront pour effet de l'amortir. Le processus est équilibrant, et le monde reste calme. En général, le monde reste également calme avec des agents qui spéculent, mais les catastrophes deviennent possibles. Les processus sont alors cumulatifs : la cause produit un effet qui à son tour renforce la cause. Je vends parce que j'estime que les autres vont vendre, ma vente contribue à faire baisser le prix, donc justifie ma vente.

Que faire alors ? Laisser faire, laisser brûler, selon l'expression consacrée ? Ou faire intervenir un acteur extérieur aux agents privés, c'est-à-dire l'État, la banque centrale, ou une institution équivalente comme aujourd'hui le Fonds Monétaire International ?

Cette solution a l'avantage d'être opérationnelle. La ruée sur le sucre peut d'abord être enrayée par le rationnement de la demande, moyen rustique et pas toujours efficace puisqu'il peut être contourné. La méthode plus habile est de prendre à revers la spéculation. Puisque la demande s'alimente à la perspective de la pénurie, il suffit de conjurer celle-ci pour que la demande se calme. L'État annoncera par exemple que des paquebots de sucre sont en route pour la France.

La magie du verbe : fait étrange, il est inutile que ce soit vrai, mais indispensable que ce soit cru. Deux curiosités se présentent alors :

– la magie du verbe : un État crédible n'aurait même pas besoin d'affréter des cargaisons pour que le processus s arrête puisque celui-ci a perdu tout ancrage dans les caractéristiques de l'offre,

– le coût de la crédibilité : un État moins crédible devra en faire plus et mettre en scène de vrais débarquements, faire intervenir des spécialistes des questions sucrières... Mais une intervention maladroite reviendrait à souffler sur les braises !

À pousser trop loin le scénario spéculatif, c'est alors le mensonge institutionnel qui se trouve justifié au nom d'un intérêt supérieur évident puisque l'escalade doit être stoppée. Constat problématique. Or, peut-on pousser si loin le scénario spéculatif ? Pourquoi, dira-t-on alors, des agents censés stockeraient des quintaux de sucre ? Si une telle situation survenait, les premiers acheteurs revendraient vite, et avec profit, leur surplus. Ils savent que d'autres seraient tentés de le faire avant eux ! La logique des marchés, éventuellement noirs, permet à elle seule de corriger d'éventuelles anomalies.

Retour à la case départ ? Pas tout à fait. Au-delà des crises et du rôle des institutions publiques, la spéculation éclaire surtout certains aspects de l'organisation des marchés. Cela méritera d'y revenir.

41 – Le marché vertueux *

La distinction entre anticipation et spéculation est intéressante à double titre. Premièrement, ces notions s'appuient sur des comportements fondamentalement différents. L'agent qui anticipe fonde sa prévision sur les informations dont il dispose, alors que le spéculateur cherche à prévoir la décision des autres agents (voir *supra*). Le premier achètera, par exemple, l'action d'une société parce qu'il estimera que ses futurs profits s'accroîtront (l'entreprise lui semble bien gérée et son marché prometteur). Le second prévoira que l'action fera l'objet d'une demande soutenue, donc que son cours augmentera et qu'il est opportun d'acheter. En temps normal, les deux attitudes peuvent aboutir au même résultat. Mais le comportement spéculatif permet aussi de comprendre les processus cumulatifs qui sont à l'œuvre dans les crises, et le rôle des institutions publiques pour permettre le retour à un fonctionnement normal du marché.

Deuxièmement, la distinction entre anticipation et spéculation est intéressante par l'organisation des marchés qu'elle implique. Un marché financier est d'autant plus efficace qu'il favorise l'anticipation et décourage la spéculation. Cela conduit à deux principes : plus il y a d'opacité sur les motivations des acteurs du marché, moins la spéculation peut avoir de prise, et donc plus le marché impose des comportements d'anticipation ; moins il y a d'information sur la valeur des actifs, plus l'anticipation est difficile, et donc plus il y a de risque que le marché soit spéculatif.

Le marché efficace est donc celui qui conjugue l'opacité sur les motivations des autres intervenants et la transparence quant aux informations pertinentes sur les valeurs. Il oppose, en quelque sorte, la figure du village, où chacun surveille son voisin, à celle de la cité, où chacun ne se mêle que de ses affaires.

Les vertus de l'opacité des motifs : éviter que les intervenants d'un marché ne s'intéressent à la motivation des autres passe, en premier lieu, par une simple règle d'anonymat. Les agents doivent savoir ce qui est échangé et à quel prix, mais ne doivent pas connaître l'identité des acheteurs et des vendeurs. Un marché boursier n'est pas le lieu d'une rencontre spontanée d'acheteurs et de vendeurs, mais une institution où les transactions sont effectuées par des intermé-

* 13 janvier 1998

diaires. C'est ce secret des marchés, analogue au secret bancaire, qui explique la présence d'autorités chargées de faire appliquer des règles protectrices telles que la réglementation des OPA ou la prévention des délits d'initiés.

L'anonymat cependant ne suffit pas, et les critères de taille et de diversification sont essentiels. Lorsque des milliers d'acteurs différents sont susceptibles de s'intéresser à une valeur, supputer sur leurs décisions est, évidemment, plus difficile. À l'inverse, les petites Bourses dominées par un type d'acteurs sont davantage sujettes à des secousses.

Ce fut le cas des pays émergents, où s'est développé le mécanisme de contagion. Le canal par où circulait l'information sur les décisions des autres était simple : d'une part, il était de notoriété publique que les investisseurs étrangers avaient un rôle actif sur ces places financières d'autre part, chacun croyait savoir, à tort ou à raison, qu'en cas de perte sur un marché, ces investisseurs auraient pour réflexe de « prendre leur gain » sur les marchés similaires. La chute de Bangkok s'est ainsi répercutée sur Prague, bien que la République tchèque n'ait pas grand-chose à voir avec la Thaïlande.

Les machines à vendre : la Bourse la plus grande, le New York Stock Exchange, concentre, à l'inverse, tous les avantages : sa taille, mais aussi la diversification de ses acteurs, particuliers, gérants d'OPCVM, fonds de pensions, banques, compagnies d'assurance, investisseurs étrangers. Les motivations de l'investisseur moyen y sont impénétrables, si bien que chacun doit s'intéresser à ce dont il doit être question : les futurs profits et les futurs taux d'intérêt.

Les accidents restent malgré tout possibles. Ce fut le cas lors du krach boursier de 1987, où ont été mis en cause les programmes informatiques qui donnaient l'ordre de vendre en deçà d'une certaine baisse. Les intervenants du « Lundi noir » savaient alors, ou se doutaient, que les machines à vendre étaient en marche, et qu'elles allaient se déclencher comme des dominos. Elles tinrent le rôle des agents prévisibles. Les autorités de la Bourse new-yorkaise ont donc institué les coupe-circuit, qui suspendent le marché à chaque variation importante des cours. Ce mécanisme permet de faire savoir que les programmes informatiques ont le temps d'être modifiés (il n'est pas forcément judicieux de vendre en cas de baisse des cours).

Aujourd'hui encore, le président de la Banque centrale américaine essaie de souffler le froid sur Wall Street. Il craint, en particulier, que les ménages américains, qui associent un patrimoine en actions élevé et des dépenses à crédit soutenues, ne soient, en cas de retournement conjoncturel un peu fort, considérés, à tort ou à raison, comme les nouvelles machines à vendre.

Les vertus de la transparence sur les actifs : mais prévenir la spéculation ne suffit pas. Il faut aussi que la possibilité d'anticiper existe. Une autre fragilité des places asiatiques fut le manque de transparence sur les valeurs qui s'y traitaient.

S'il est possible de se faire une idée des profits futurs d'une entreprise simple qui publie des documents comptables élaborés et certifiés selon des normes connues, l'opération est plus délicate lorsque la société est un conglomérat d'entreprises disparates liées par des accords de refinancement occultes. Que prévoir d'un holding qui mêle des entreprises de biscuiterie, de mécanique lourde, et diverses institutions financières ? L'investisseur, dans ce cas, est plutôt contraint à spéculer : il achètera parce que d'autres achètent (il lui faut réaliser des performances analogues à celles de ses confrères). Mais il vendra dès que d'autres vendent.

Le cas le plus aigu est alors celui des banques. Estimer les profits futurs d'une banque nécessite de connaître ce que les analystes appellent ses actifs non performants, c'est-à-dire le montant de ses crédits octroyés à des agents qui seront en peine de les rembourser. Or non seulement les règles comptables de déclaration des créances douteuses peuvent être mouvantes et peu claires, mais aussi et surtout une conjoncture déprimée peut accroître, dans des proportions considérables, les actifs non performants. Une difficulté spécifique du Japon ou de la Corée tient à ce que les établissements bancaires ont été, à leur tour, perçus comme des machines à vendre.

Ce problème des banques fut même à l'origine d'une réglementation universelle instaurée dans les années 80, le ratio de solvabilité, dit ratio Cooke. Il doit être compris selon ce principe : évitez de montrer vos intentions, et, en particulier, que vous êtes vendeur ; soyez suffisamment capitalisé pour indiquer que vous pouvez supporter des pertes. Mais cela ne suffit pas toujours, comme le montre l'exemple du Japon, qui a longtemps refusé d'engager un plan public de sauvetage de ses banques. L'État a, en effet, ce privilège qu'il peut, s'il n'est pas dans une situation financière trop délicate, montrer qu'il peut attendre. Lui faire reprendre les engagements compromis est alors une façon de couper court à la rumeur de vente.

42 – La crise a sa logique *

Quand la Russie s'enrhume, le Venezuela tousse ; quand le yen baisse, la Bourse de Hongkong est sous pression. De l'extérieur, les mouvements financiers paraissent multiples, déroutants, chaotiques même. Or tel n'est pas le cas il y a des logiques dans la venue des crises, il y a des logiques dans leur déroulement. Une crise, c'est d'abord la constatation majoritaire qu'un pays ne peut poursuivre sur sa trajectoire de croissance : il a des déficits extérieurs et/ou budgétaires trop importants, sa base productive est moins efficace, il est spécialisé en des matières premières dont le prix baisse, la région dans lequel il opère est en émoi, ses élites politiques n'en sont pas...

Les quatre chiffres : plus précisément, derrière les quatre chiffres que vont regarder les marchés : le déficit budgétaire, le déficit extérieur, la balance des paiements et la dette, des jugements de valeur vont se dessiner et des modifications structurelles vont apparaître. Des jugements de valeur d'abord, car un déficit budgétaire, en étudiant sa nature (déficit total, déficit ou excédent primaire, déficit rapporté au PIB) va vouloir dire difficulté à financer la poursuite de l'organisation économique et sociale, difficulté à faire rentrer les impôts, difficulté à maîtriser les dépenses.

Un déficit extérieur, en étudiant sa nature (dynamique des importations, des exportations, nature des biens et services échangés), va vouloir dire que les produits et services exportés par le pays n'arrivent pas à compenser ceux qu'il achète : pourquoi, est-ce temporaire ou non, est-ce lié à des programmes d'investissement, ou au contraire lié à des flux massifs d'importations de biens de consommation, eux-mêmes liés à une monnaie surévaluée ?

La balance des paiements va montrer comment boucle le processus, car il faudra bien que de l'argent entre pour compenser les sorties que l'on mesure par ailleurs. Quel argent ? De l'argent qui entend rester à long terme dans le pays, en construisant des équipements et des usines, de l'argent qui dit qu'il va rester en achetant des actions (mais qui peut partir en vendant le titre), de l'argent qui entre en annonçant la date de son départ (du crédit) et qui donc appelle des successeurs ?

La dette enfin, par son importance rapportée au PIB, va indiquer le poids des difficultés passées pour financer le système (privé et

---

* 13 octobre 1998

public), donc la charge future qui pèse sur l'activité et sur la croissance, et aussi la contrainte future qu'implique la poursuite de son financement. Plus précisément, les analystes vont chercher à connaître sa nature (dette en monnaie nationale, dette en devises) et sa maturité (dette à court, moyen, long terme).

Le malheur veut que ces chiffres, et surtout leur contenu, varient en fonction du jugement même qui sera porté sur eux. Si les marchés pensent que la situation se détériore, ils vont évidemment prédire un ralentissement économique. Derrière un PIB qui fléchit, il y aura, dans le domaine public, des problèmes budgétaires et, dans le domaine privé, une révision à la baisse des profits. D'un côté, le financement nécessaire pour financer l'État deviendra à la fois plus cher et plus court, ce qui détériore les chiffres anticipés de déficit public et de dette publique ; d'un autre côté les investisseurs vont commencer à sortir pesant sur la Bourse et sur la balance des capitaux, ce qui met plus sous pression le change et le financement du pays... Et ainsi de suite.

Les marchés attendent alors des mesures effectives. Les propos incantatoires sur la santé intrinsèque du pays ne les convainquent pas tous, puisque certains ont déjà voté avec leurs pieds. Les chiffres sur les réserves internationales (les fameuses « munitions ») les font plutôt sourire, puisque c'est la conséquence d'une monnaie surévaluée qui paye cher l'argent qu'elle reçoit. Non : les marchés attendent des mesures de réduction du déficit public, des mesures de privatisation, de libéralisation...

Triple effet : il se peut qu'un pays soumis à ce type de pression, d'interrogations, résiste. Que la situation d'ajustement, avec un système bancaire et financier suffisamment solide, soit jugée supportable et que la crise s'apaise, laissant des traces (moindre croissance, regroupements d'entreprises, renforcements prudentiels, ouvertures au capital étranger...), mais ne provoque pas de drame. Il se peut aussi que la pression financière (baisse des Bourses, sortie de capitaux, montée astronomique des taux, paniques bancaires) soit si forte que les barrières cèdent les unes après les autres. Le pays entre alors en récession et les marchés font leur triple travail d'inventaire :

– d'abord ils vont essayer de mesurer les dégâts financiers de la crise. L'aspect échanges ne sera vu qu'ultérieurement, car il est moins important que les pertes de valeurs déjà prévisibles. Ce sont celles que vont connaître les spéculateurs (qui vont devoir se couvrir, vendre des actifs et qui vont peut-être sauter... ce qui posera problème à leurs banques), celles que vont connaître les banques qui financent les États (en achetant leurs bons du Trésor) et les entreprises locales. Les valeurs des papiers publics chutent. Les situations des entreprises exportatrices fléchissent, car il faut que la machine reparte pour financer les importations et le cycle d'exploitation pour réexporter : combien vont tenir ? Les situations des PME locales sont évidemment plus précaires encore. Bref, c'est le capital financier qui est touché en premier ;

– ensuite, les marchés vont prendre en compte les effets de contagion par les échanges entre le pays en récession et les autres. Moins d'importations ici, ce sera moins de croissance là, et donc plus de difficultés (budget, balance des paiements, dette...). La crise sera régionale et conduit à des impacts différenciés selon l'intensité des relations commerciales, selon les mécanismes de défense, et donc à des calculs eux aussi différenciés sur les pertes en capital que tous ces éléments impliquent ;

– enfin, les marchés vont rechercher tous les pays qui, à un titre ou à un autre, présentent des similitudes avec celui à l'origine du trouble. L'analyse sera alors symptomale, conduisant à mettre sous pression les pays qui ont des traits communs avec le premier. C'est alors que la crise se répand, saute d'un pays à l'autre, en apparence sans raison, mais en réalité en étant profondément logique. Pour les marchés, il y a ainsi eu une forte similitude entre Russie et Venezuela, il y a des rapprochements entre Russie, Afrique du Sud ou Turquie, des liens avec le Brésil.

Tout finit par des actions : Bien sûr, ce travail effectué en temps réel, en essayant de traiter au fur et à mesure les informations nouvelles, déclenche des mouvements d'inquiétude, parfois de panique. Il polarise les anticipations vers le noir. Évidemment, ces mouvements appellent des corrections, politiques, économiques et fondamentalement financières, car il s'agit de mettre un terme à la destruction de capital financier. Viennent alors les garanties, de l'État, du FMI, bref des prêteurs en dernier ressort et, ensuite, les accords de rééchelonnement, les cessions, les privatisations, les nationalisations, et les baisses de taux d'intérêt. Au cours de tout ce processus, les actions, qui sont la valorisation anticipée des profits (plus les effets d'atmosphère), ont enregistré les mauvaises nouvelles. Puis elles commencent à prendre en compte les lueurs d'espoir. Mais nous n'en sommes pas encore là.

43 – Combien vaut le franc *

Depuis un an, le dollar a augmenté de 14,1 %, le yen de 9,5 % et le mark a baissé de 0,3 %. Comment ces mouvements se sont-ils traduits pour le franc ? Lorsque les taux de change du franc varient, quelle en est la résultante pour le franc ?

C'est à cette question de la « valeur » du franc, sa valeur dite « externe », que répond le calcul du taux de change effectif.

Il n'existe pas de marché où le franc serait coté par rapport à l'ensemble des autres monnaies. Le franc, sur les marchés des changes, ne s'échange qu'avec une seule autre monnaie. Les prix d'échange fournissent ainsi les différentes parités : franc-dollar, franc-yen, franc-mark...

Le taux de change effectif du franc, qui ne peut être directement mesuré, doit donc être calculé à partir des parités qui se cotent sur les marchés. Le principe consiste à en faire une moyenne, chaque parité étant pondérée par l'importance que revêt la devise pour la France. Il s'agit ainsi, en donnant un poids au dollar, au yen, au mark etc., de prendre simultanément en compte tous les mouvements de change. Par exemple, avec un poids du dollar de 8 %, du yen de 2 %, et du mark de 20 %, les mouvements récents de change se traduiront par une variation du taux de change effectif du franc de : 8 % (multiplié par – 14,1 %), + 2 % (multiplié par – 9,5 %),+ 20 % (multiplié par 0,3 %).

Quelles pondérations ? La méthode la plus commune considère les échanges commerciaux. S'agissant du dollar, les États-Unis peuvent être appréciés :

– par leur importance en termes de débouchés : ce sera alors la part des exportations vers les États-Unis dans l'ensemble des exportations françaises (environ 8 %) ;

– ou par leur importance comme compétiteurs sur le marché français : c'est alors la part des importations venant des États-Unis dans l'ensemble des importations françaises (environ 6 %).

On peut aussi, de façon plus sophistiquée, estimer l'importance des compétiteurs américains sur tous les marchés tiers. Les grands instituts comme le FMI, faute de recette universelle, combinent ces méthodes, et y ajoutent même des ingrédients comme la part dans l'économie française des secteurs exportateurs.

---

* 8 juillet 1997

Les Anglo-Saxons désignent d'ailleurs le taux de change effectif par une expression explicite *trade weighted exchange rate,* ce qui peut se traduire par taux de change « *pondéré par le commerce* ».

La valeur d'une monnaie reflète celle des prix : à quoi répond un tel calcul ? La valeur du franc vis-à-vis de l'ensemble des autres monnaies, sa valeur « externe », reflète en fait le niveau des prix français au regard de l'ensemble des prix étrangers. Si le taux de change effectif diminue d'un seul coup de 5 %, les produits français se retrouvent immédiatement moins chers de 5 % sur les marchés extérieurs (mais les produits importés sont renchéris d'autant).

Le taux de change effectif est un indicateur de la compétitivité-prix. Il fournit une estimation du gain global en cas de dévaluation, ou symétriquement de la perte en cas de réévaluation.

Mais, sur une période un peu longue, la seule prise en compte du jeu des taux de change est insuffisante. Il faut aussi considérer l'évolution des prix eux-mêmes, à la fois en France et à l'étranger. À taux de change identique, la France peut aussi gagner en compétitivité, en ayant simplement moins d'inflation que ses partenaires.

▼ Taux de change effectifs du franc

En indice

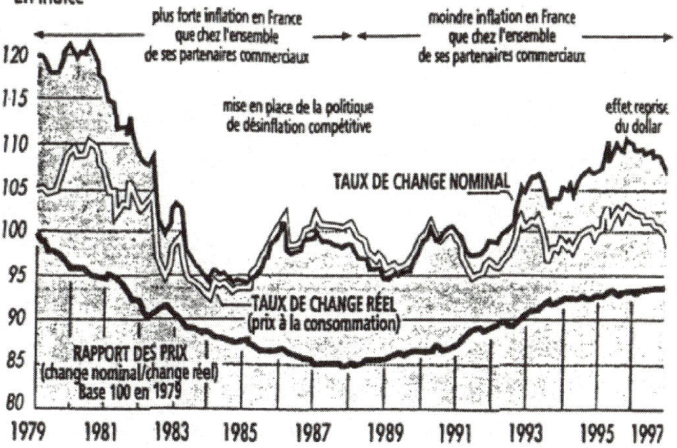

Source : FMI

44 – Donner le (bon) change *

La récente crise financière doit nous conduire à distinguer deux notions : le régime de change et le taux de change. Le régime de change définit le mode d'évolution du taux de change : il peut être flexible, c'est-à-dire sans référence à d'autres monnaies et donc sans garantie sur ses variations. Il peut aussi être régulé : dans ce cas, les autorités annoncent à l'avance le devenir du taux de change et se donnent les moyens de le rendre crédible. Un régime de change peut aussi conduire à des taux de change fixes (*peg*), c'est le cas du dollar de Hongkong et du peso argentin vis-à-vis du dollar. On peut également avoir des taux de change à dépréciation mensuelle annoncée (*crawling peg*) : c'est le cas du real brésilien qui, selon le gouvernement, doit fléchir de 7 % environ par an vis-à-vis du dollar américain.

Mais les choses ne sont pas aussi simples : d'abord, parce que le régime de change dépend du pays et des moyens qu'il se donne ; ensuite, parce que tout régime suscite des effets pervers.

Un régime de change contrôlé naît toujours d'une crise : c'est parce que l'Argentine a connu deux phases d'hyper-inflation très violentes qu'elle a décidé de passer à un régime de change très contraignant (1 peso = 1 dollar), qu'elle a retenu un système (*currency board*) qui supprime toute politique monétaire nationale en organisant une double circulation dans le pays (dollar et peso). Et elle en paye le prix social : privatisation des entités publiques, effort constant de productivité, cession des entreprises et banques locales à des capitaux étrangers. Cet ensemble de mesures vise à obtenir la plus grande flexibilité possible des salaires, la confiance croissante du capital étranger, le tout lié à des accords internationaux de crédits au cas où la monnaie serait attaquée. Le processus est sensiblement le même à Hongkong.

Bien sûr, ceci veut dire que les pays à régime de change fixe doivent être particulièrement vertueux dans leur politique budgétaire et rassurer les marchés sur le maintien de leur taux de change. Il leur faut absolument un système bancaire très bien capitalisé qui peut absorber des chocs. Le risque vient alors de l'extérieur, soit avec une crise mondiale (comme avec l'Asie), soit avec une crise régionale (risque de la dévaluation du real brésilien pour l'Argentine).

La difficulté est évidemment moindre avec un système de taux de change variable, puisque, en cas de difficulté majeure, il est toujours

* 22 décembre 1998

possible d'accroître le taux de dépréciation annoncé de la monnaie. C'est ce qui est arrivé au Brésil, le taux de dépréciation du real passant de 4 % à 7 % l'an. Mais l'opération n'est pas sans douleur. D'abord, le système de *crawling peg* est moins contraignant que le taux de change fixe et donc moins crédible pour les marchés. Il requiert des efforts constants des autorités, et un changement de rythme de dépréciation ne peut se produire que dans le cadre d'un plan d'ensemble : assainissement budgétaire, flexibilisation du marché du travail, lignes de crédits et bénédiction du Fonds monétaire international. C'est précisément un changement de loi d'évolution du real (ou une dévaluation) que le Brésil essaie d'éviter à tout prix, pour des raisons nationales, mais aussi pour la stabilité du système financier ; et c'est pour cela qu'il reçoit l'appui de la communauté financière internationale.

Les infortunes de la vertu : un système de change contrôlé peut aussi susciter des effets pervers. Au début, quand il s'agit d'instaurer sa crédibilité, les acteurs sont méthodiques et prudents. Puis, peu à peu, les experts, entrepreneurs, banquiers, s'accordent à noter les succès du pays, son rythme de croissance, son sérieux... Il devient alors assez vite dragon, miracle, modèle attirant les capitaux par des taux de profit alléchants. Le crédit local escorte le processus : il est proposé à des taux liés aux conditions de refinancement en monnaie nationale, au risque et à l'efficacité du système bancaire domestique. Mais le crédit international arrive lui aussi, à des conditions qui intègrent évidemment le risque de l'entreprise et (aussi) beaucoup, puis un peu, puis très peu, puis plus du tout le risque de change.

Vient alors un moment où une entreprise thaïlandaise peut se financer à 15 % en monnaie locale ou pour moitié moins en dollars ! On imagine son choix, et on voit monter la dette en devise, on voit naître la surchauffe, donc la perte de compétitivité, donc le creusement du déficit extérieur, donc la montée de l'inquiétude des prêteurs. Les autorités, à ce moment, ne peuvent que hausser les taux d'intérêt pour soutenir leur monnaie. Mais le remède tue le malade : l'économie entre en récession, la spéculation redouble et emporte la règle de change, la monnaie plonge. Alors, l'entreprise thaïlandaise ou coréenne calcule que sa dette en dollars vient de doubler en monnaie locale. Elle signale qu'elle ne peut plus rembourser... Et la crise de change devient une crise bancaire.

Leçons pour l'Europe : ces évolutions récentes ne sont pas sans intérêt pour l'Europe. D'abord, l'euro introduit un régime de change irrévocablement fixe entre monnaies européennes, plus contraignant encore dans son essence que le système argentin ou hongkongais, puisque la voie de sortie ne peut être que la destruction du système européen lui-même. Il est donc essentiel que chaque territoire national surveille ses budgets publics et sociaux, l'organisation globale de sa compétitivité, encourage la flexibilité de son marché du travail, développe l'esprit d'entreprise... Il est ensuite impératif que l'Eurolande examine les conditions d'entrée de nouveaux partenaires : un taux de change agréé par tous, des marges de fluctuation de plus en plus serrées dans le temps. Il s'agit absolument d'éviter que s'insère dans l'Eurolande une économie structurellement plus (ou moins) compétitive. C'est bien le problème économique fondamental (et donc très politique) que va poser l'entrée de la livre sterling dans le système monétaire européen bis. Cela renvoie aussi à l'extension à l'Europe orientale. Certains pays de l'Est ont des accrochages unilatéraux au deutschemark, qu'ils souhaitent transférer sur l'euro (Pologne, Tchéquie). Cette politique est-elle la bonne pour des économies qui ne sont pas encore stabilisées ? Comme on le voit, le régime de change est un choix économique essentiel pour un pays.

45 – Ô volatilité, suspends ton vol ! *

> « *Il est généralement admis que (...) l'accès des casinos doit être difficile et coûteux. (...) La création d'une taxe lourde d'État frappant les transactions se révélerait peut-être la plus salutaire des mesures permettant d'atténuer (...) la prédominance de la spéculation sur l'entreprise* » *J. M. Keynes.*

Mesure de l'écart entre une valeur économique et sa moyenne, sur un temps donné, la volatilité indique aux acteurs qui interviennent sur tel ou tel marché (Bourse, change) le degré d'incertitude (hausse ou baisse) lié à leurs choix, et transcrit donc le risque de leurs opérations. Les retournements d'un marché sont annoncés par une hausse de sa volatilité, ce qui explique pourquoi cette dernière est un indicateur attentivement regardé. La déréglementation financière, la globalisation des échanges et l'explosion des transactions électroniques font que les opérateurs (institutions financières, entreprises et particuliers) interviennent désormais en temps réel, et ce pour des sommes plus importantes qu'auparavant. Ils augmentent d'autant l'instabilité potentielle des valorisations.

Les crises récentes d'Asie, qui se sont traduites par des mouvements considérables de capitaux, celles qui ont suivi au Brésil et en Russie, ainsi que la volatilité accrue des Bourses mondiales, posent à nouveau, mais avec davantage d'intensité, la question de la régulation des mouvements de capitaux. Face à la démarche, les économistes restent divisés, essentiellement pour deux raisons.

La première est qu'ils considèrent qu'avant de « contrôler » il faut d'abord améliorer l'existant. Les mouvements de capitaux traduisent un dysfonctionnement autant qu'ils créent un problème. Le départ de fonds d'un pays est la preuve, le plus souvent, que la politique qui s'y mène est déséquilibrée et doit donc changer. Les fonds en partance ne sont pas tant, en effet, des épargnes internationales (fonds de pension ou mutuels) ou des fonds spéculatifs (très endettés et donc instables), que l'épargne nationale. Son départ traduit le fait que les rémunérations perçues dans le pays ne compensent pas les risques financiers qui y sont encourus, et donne le signal aux autres investisseurs qu'il est temps de partir pour eux aussi.

---

* 4 juillet 2000

Les spéculations provoquées par ces mouvements d'origine nationale se font généralement sans véritable surveillance des autorités internes de régulation, via des comptabilités et des pratiques opaques, par le biais d'opérateurs discrets. Pourtant de nouvelles réglementations internationales conduisent les banques à accroître leurs fonds propres, en fonction de scénarios de crise liés à la montée de la volatilité. Seulement, contrôler ne suffit pas. Surtout, les acteurs peuvent en oublier de mieux gérer.

Seconde réticence : les solutions alternatives à l'amélioration de l'existant ne vont pas vraiment de soi. Ainsi, l'idée de préférer un investissement direct (réputé solide et stable) à un investissement en titres (réputé volatile) a aussi pour conséquences d'anémier les marchés locaux de capitaux, d'en réduire la liquidité, donc d'en accroître la volatilité potentielle et, par conséquent, de freiner l'expansion de pratiques comptables et financières saines.

Que penser également de la taxe Tobin ? Ce « fameux » sable dans les rouages : elle consiste, rappelons-le, à prélever de 0,1 % à 0,25 % du montant des mouvements de capitaux, de façon à faire réfléchir à deux fois les opérateurs tentés par la spéculation. Outre les difficultés de sa mise en œuvre (parmi lesquelles son obligatoire internationalisation), les économistes soulignent aussi les distorsions qu'elle créerait pour les transactions non liées à des flux de capitaux, puisqu'elle ne concerne que les mouvements de très court terme, s'avérant donc de faible effet pour des placements plus longs, supposés, par essence, plus justifiés et moins spéculatifs. En outre, le cas chilien a illustré le fait que des mouvements de capitaux « économiquement fondés » ont aussi des effets pervers. Le bon élève de la classe qui attire les placements de long terme peut être aussi victime de son succès. Il est certes perçu comme un havre de capitaux, mais avec des risques de surchauffe.

Afin d'éviter ce biais de la taxe Tobin, on a pensé à ne pas rémunérer les réserves sur les entrées de capitaux à court terme. Mais le processus s'est avéré extrêmement complexe et ses résultats peu probants. D'où l'idée, très récente, lancée dans un papier de recherche (« *Retarding Short-term Capital Inflows Through Witholding Tax* », d'Howell H. Zee, mai 2000) du FMI, d'en revenir à Keynes ! Le Keynes de 1936, qui écrit : « Il est généralement admis que, dans l'intérêt même du public, l'accès des casinos doit être difficile et coûteux. Peut-être ce principe vaut-il aussi en matière de Bourse. La création d'une taxe lourde d'État frappant les transactions se révélerait peut-être la plus salutaire des mesures permettant d'atténuer aux

États-Unis la prédominance de la spéculation sur l'entreprise » (Théorie générale..., Livre IV, 12).

Le travail publié par le FMI poursuit sur cette voie : l'idée serait de créer une Cross Border Capital Tax (CBCT) pour taxer toutes les entrées de capitaux privés, à l'endroit et au moment de leur entrée. Cette taxe serait un crédit d'impôt et pèserait pour l'essentiel sur les emprunts extérieurs à court terme des résidents. Les recettes à l'exportation et les revenus de sources étrangères y échapperaient largement. Quant au taux, il dépendrait, selon l'auteur de l'article, de la sévérité désirée afin de dissuader les entrées de capitaux à court terme tout en ne décourageant pas les capitaux à long terme.

Bien sûr, cette proposition est à discuter, car elle induit en toute hypothèse une distinction entre entrées « saines » et « malsaines » qui peut être pénalisante. Mais elle a deux avantages : pratique, elle est liée à un pays donné ; méritocratique et pédagogique, elle concerne d'abord les bons pays, ceux qui disposent d'une meilleure gouvernance et ne souhaitent pas souffrir de la punition du bon élève, selon l'exemple chilien. Elle consolide les meilleurs et donne un exemple aux autres.

Au fond, la volatilité est un symptôme et une difficulté. Il s'agit toujours de « vaincre les forces obscures du temps et de percer le mystère qui entoure le futur », comme dit Keynes, mais avec les outils et dans les lieux où l'on ne crée ni distorsions, ni effets pervers. La volatilité doit suspendre son vol, mais pour de bonnes raisons.

46 – Dire ou ne pas dire *

Comment communiquer ? S'agit-il pour un gouvernement de proposer un guide pour l'action, d'annoncer ce qu'il entend faire et d'en rendre témoins électeurs, pays concurrents, marchés ou vaut-il mieux garder une marge de manœuvre ? Qu'est-ce donc qui l'emporte dans le match « rules » versus « discretion » ?

Comment faire fonctionner le système économique ? Comment communiquer ? S'agit-il pour un gouvernement de proposer un guide pour l'action, d'annoncer ce qu'il entend faire et d'en rendre témoins électeurs, pays concurrents, marchés ou vaut-il mieux garder une marge de manœuvre ? Pour traduire cette alternative en anglais économique, qu'est-ce donc qui l'emporte dans le match « rules » versus « discretion » ?

A priori, il vaudrait mieux se donner le maximum de liberté. Cela suppose un gouvernement assez puissant pour adopter une politique qui aille au-delà des cycles électoraux, et des peuples qui aient une vision longue et informée des équilibres économiques, qui ne cherchent pas à bénéficier d'avantages proches, au détriment des générations futures. Cela suppose aussi des marchés confiants dans les choix nationaux. Autant d'hypothèses héroïques…

En matière budgétaire, les États s'engagent, en fait, dans le contrôle de leurs dépenses en annonçant des déficits prévisionnels. Des projections sont publiées, avec une comptabilisation à cinq ou dix ans des impôts et charges, soldes et dettes. Il s'agit de faire juges le peuple et surtout les marchés. L'habitude est ancienne aux États-Unis, avec des projections sans cesse revues certes, mais qui ont l'avantage de baliser l'avenir et de circonscrire le débat. Nous sommes dans les « rules ». Les critères de Maastricht pour entrer dans l'euro, les engagements du traité d'Amsterdam, sont également des règles, les premiers plus contraignants d'ailleurs que les seconds. Maastricht s'applique à tout État membre, mais les remontrances des pairs de l'Eurogroupe ou de la Commission, par exemple à l'Irlande, n'ont pas eu – jusqu'à présent – d'effet bien net. Quant aux

---

* 3 juillet 2001

sanctions graduelles prévues à Amsterdam, les plus bénignes n'ont pas encore eu l'occasion d'être appliquées. Les marchés attendent donc. Peut-être aurons-nous l'occasion de voir comment les pays réagissent devant leur difficulté à tenir certains engagements, Irlande et Allemagne bientôt, France plus tard.

L'idée de ces règles est claire : outre la pression des marchés et éventuellement leur sanction, c'est informer les agents économiques nationaux pour qu'ils fassent pression sur leurs élus si la trajectoire n'est pas suivie. En même temps, ces agents mieux informés adoptent, d'eux-mêmes et pour eux-mêmes, un comportement rationnel qui contrecarre une action gouvernementale devenue déviante. C'est la théorie de l'équivalence ricardienne. Si les citoyens voient monter le déficit public et la dette, parce que l'État n'ose ou ne sait pas agir, ou bien se trouve prisonnier de groupes électoraux (fonctionnaires, santé, retraites...), la réaction privée sera de constituer une épargne supérieure, afin de réussir à payer des impôts futurs plus importants. À l'opposé de soutenir la demande (logique keynésienne où les acteurs vivent dans l'illusion monétaire), cette information implique que les largesses d'aujourd'hui sont équivalentes à l'impôt d'après-demain. Les marchés financiers, les agences de notation, ne s'y trompent d'ailleurs pas : eux aussi veulent des « rules ». Ils en déduisent le bien-fondé d'une politique budgétaire, la compétitivité future d'un site économique, et donc le risque relatif qu'il y a aujourd'hui à lui prêter.

En matière monétaire, le débat est plus pressant encore, car les enjeux sont immédiats. Si le change est flottant, les marchés se demandent quel sera l'engagement des autorités à le maintenir au niveau adéquat. Un taux trop faible est évidemment mauvais signe. Il marque plus de sorties de capitaux que d'entrées, renforce le risque d'inflation importée, indique aussi que des titres de propriété peuvent changer plus facilement : entreprises nationales cédées à des capitaux étrangers, avec *a priori* les avantages économiques de l'opération mais aussi ses risques sociaux.

À l'inverse, un change trop fort n'est pas nécessairement sain. Il peut signifier que les taux d'intérêt sont trop élevés, afin de garder les ressources et en attirer, avec le risque de peser sur la conjoncture et de creuser les déficits publics, avec plus de dettes et de frais financiers à la clef. Si le pays est émergent, il doit observer une gestion rigoureuse, avec une banque centrale indépendante, au moins autonome, et des règles de fonctionnement et de change connues. Ce peut être un accrochage à une monnaie par un « currency board » (le dollar au Panama), ou à deux (dollar et euro en Argentine, dans une tentative toute récente et sans exemple), règle la plus extrême avant l'abandon de la monnaie nationale. Moins contraignants sont un accrochage à une monnaie par un taux fixe (peg de Hongkong), puis à un panier de monnaies (dollar et euro le plus souvent, dont la pondération peut changer). D'autres règles, plus souples encore, comprennent des bandes de fluctuation ou des annonces régulières de dépréciation. Il existe aussi le « managed float », adaptation sans annonce ni engagement, ce qui est évidemment le plus périlleux.

De manière générale, plus les engagements sont forts, plus ils sont contraignants et surtout testés par les marchés dès qu'une crise se dessine. Si la règle est trop forte, elle sauve un jour, mais handicape ensuite. Les marchés se demandent en permanence si les économies et les peuples peuvent la supporter, puis comment ils en changeront. Les pays développés qui ont choisi le flottement ne peuvent pas céder à la facilité. C'est évidemment le cas pour la Banque centrale européenne, qui insiste sur les conditions de son indépendance (en gardant internes ses délibérations), sur le mode d'élaboration de son diagnostic et sur l'objectif d'inflation inférieur à 2 % (qui intègre les effets d'un affaiblissement de l'euro). Elle construit ainsi sa crédibilité, face à la Banque centrale américaine.

VI – QU'IL FAUDRA BIEN RÉGULER

47 – Croissance, répartition et risque *

La société, dans son ensemble, ne peut adopter un niveau supérieur de croissance que si elle endosse un niveau plus élevé de risque. Existe donc un graphique nouveau, à écrire dans nos manuels et dans nos têtes, reliant la croissance à sa volatilité acceptée

Le calcul du produit intérieur brut, ou PIB (de l'année en cours et des suivantes), fait partie des figures imposées de l'économiste. Le plus souvent, l'exercice se fonde sur des hypothèses d'environnement, le dépouillement des enquêtes, une idée du cycle et la prise en compte des politiques économiques. Le calcul prend lui une bonne demi-heure, à l'aide d'un tableur Excel. Mais, comme cette vérité serait dommageable à la solennité de l'exercice, vient le temps des confrontations entre experts dans les lieux idoines, puis celui des consensus, où se réduisent encore les écarts. Se fabrique ainsi une voie (voix) moyenne, qui a toute chance d'être vérifiée à 0,2 ou 0,3 % de PIB près, et qui a l'avantage de forger un horizon aux acteurs économiques, dès lors que le cycle se déroule dans sa phase de reprise.

Il n'en est malheureusement pas de même aux points de retournements, assez souvent manqués, ou dans la phase de contraction, dont la vitesse et la sévérité sont difficiles à analyser. L'exercice se

* 3 mai 2000

continue par l'étude des contributions à la croissance. Les 3,3 % de croissance du PIB 2000 en France viendraient ainsi, pour moitié, de la demande de consommation et, pour un bon tiers, de l'investissement. La nature de ces contributions donne une idée de la solidité du processus d'ensemble, avec l'idée que l'investissement renforce la croissance, sinon qu'il l'accélère. Vient alors le thème du partage des fruits de ladite croissance, non évoqué dans la phase antérieure. La dichotomie salaire/profit fait alors une arrivée remarquée, soit avec l'idée d'un retard du salaire (version répartition), soit avec celle du soutien à la demande par la consommation (version croissance).

Mais la lacune de cette présentation est double. D'un côté, dans sa version la plus simple, elle fait de la croissance une simple addition, selon la fameuse formule dite keynésienne :

PIB = C (Consommation) + I (Investissements)
+ E (Exportations) – I (Importations).

D'un autre, dans une vision intégrant les rapports entre répartition et croissance, elle en fait une pure mathématique, fondée sur les propensions (p) à dépenser leurs ressources des différents agents économiques. On obtient alors une relation du type :

PIB = p1 ressources des ménages + p2 ressources des entreprises.

Mais rien n'est vraiment dit, autre que tautologique, dans la formulation 1 bien sûr, ni même 2, car la logique répartition/production n'est pas réellement évoquée, ayant oublié son fondement : le facteur risque. Or il n'est pas possible de réaliser un niveau de production plus élevé sans aller conquérir de nouveaux marchés, sans innover en produits ou en organisations, donc sans prendre de risques. Et il n'est pas possible, non plus, d'alimenter cette prise de risques sans une logique de stimulants : la crainte de perte d'emploi, de revenu, de responsabilité, en cas d'insuccès ou d'insuffisant succès ; la hausse des salaires, les stock-options, les valorisations patrimoniales, dans le cas contraire.

Les fameux calculs de PIB potentiel qui ajoutent productivité, croissance de l'emploi, taux de participation de la population... simplifient encore cette vision déjà appauvrie, car comptable, de la croissance : c'est sa dynamique même qui est oubliée. La source de cette dichotomie vient de la théorie, dans laquelle les rapports répartition/croissance sont pauvrement expliqués. Et ceci, que ce soit sous la forme d'une séparation entre théorie de la production et théorie de la répartition (dans une approche néoclassique), ou sous la forme d'une exploitation salaires – non-salaires (dans une lignée marxiste, néo-cambridgienne, avec J. Robinson et M. Kalecki par exemple).

Dans les deux, le passage entre macro et micro-économie reste aujourd'hui vide. Or la phase de révolution technologique, productive, organisationnelle, que nous vivons affecte tout autant les conditions de production que de répartition, avec une distinction désormais plus floue entre salaires et profits.

C'est ce qui se passe avec les *stock-options* ou les systèmes de retraite par capitalisation. La réalité est donc en avance sur nos représentations, comme toujours, et l'absence du risque dans nos modélisations est bien la preuve que manque l'essentiel. La société, dans son ensemble, ne peut adopter un niveau supérieur de croissance que si elle endosse un niveau plus élevé de risque. Existe donc un graphique nouveau, à écrire dans nos manuels et dans nos têtes, reliant la croissance à sa volatilité acceptée. Si l'on veut aller à plus de 3,5 % de PIB, cela implique à la fois des politiques plus soutenues d'investissement en capital humain et aussi de nouvelles modalités de répartition, d'incitation des salariés, actionnaires et retraités. Si l'on souhaite aller vers 4 % ou 5 %, ce qui est possible, il faut poursuivre sur les deux registres à la fois.

L'approche traditionnelle de la croissance ne voit pas que les pays qui ont emprunté un sentier supérieur de production ont choisi aussi un modèle social différent. Il ne se traduit pas seulement en termes d'inégalité (comme nous le disons spontanément en France), mais aussi en termes de valorisation différenciée des actifs nationaux, de bouleversement des structures de propriétés, et donc de capacité à acquérir, éventuellement ailleurs, des actifs moins valorisés. Car, ailleurs, un choix de moindre croissance aura pu avoir été fait. Ce serait *a priori* un choix de moindre risque, de plus grand conservatisme économique et social.

En théorie, on pourrait tout à fait concevoir une sorte de « coexistence pacifique » entre pays ayant effectué des choix économiques, politiques et sociaux différents. Mais ce serait oublier que ces pays s'échangent et s'achètent, notamment des actions, alias des droits de propriété. Et il y a alors tout lieu de penser que le pays qui choisit un couple croissance espérée/volatilité élevée aura les moyens, notamment en montée de cycle, d'acheter les entreprises, terres et maisons de celui qui en retient un autre, inférieur. Ainsi, la croissance ne s'estime ni par composantes ni par consensus. Elle s'exprime par des choix de risques, à court et moyen terme, risques d'instabilité, risque d'acheter ou de l'être, risques économiques et sociaux en tout cas. Inévitables. À peser, c'est-à-dire, au moins, à poser.

48 – Pourquoi des cycles ? *

Il y a deux façons de répondre à cette question. La première est strictement économique et cherche des causes : « Pourquoi les cycles existent-ils ? » La seconde est économique et politique et s'interroge sur les bienfaits, ou méfaits, de telles fluctuations. « Des cycles pour quoi faire ? » L'approche causale commence par répertorier, chez les différents agents économiques, la source d'une pulsation qu'ils transmettraient à l'activité. Dite alors endogène, elle met surtout l'accent sur l'investissement physique, les bâtiments et les machines, en fait sur un renoncement à la liquidité. Investir, c'est choisir, quitter la liquidité, disons des actifs monétaires, ce havre où le risque n'est plus guère que celui du change (car la monnaie s'exprime en euros, dollars, livres...), qui a une rentabilité faible, mais qui offre la possibilité de choisir, ceci ou cela, ici ou ailleurs, maintenant ou plus tard. La liquidité est, en ce sens, une forme économique de la liberté. Mais pour être plus riche, pour avoir donc plus tard plus de liquidités, il faut d'abord s'en éloigner. Ce mouvement, entre le havre qui n'enrichit pas mais qui permet de faire, d'une part, et l'investissement qui structure l'offre et organise une transformation difficilement réversible, donc coûteuse et risquée de l'autre, est le cœur de la dynamique économique. Au début est donc la liquidité, l'expectative, la préparation des choix, ce qui correspond évidemment à une croissance limitée. Puis des décisions mûrissent : il s'agit d'acheter des prestations (temps des hommes, idées et initiatives, matières, espaces...), de prendre donc des risques pour transformer ces liquidités dans des biens et services nouveaux et pour chercher ensuite à les vendre.

Chaque fois que l'opération réussit, donc que la liquidité obtenue dépasse la mise de départ, « l'aiguillon du gain » pousse l'entrepreneur à élargir son entreprise, à voir plus grand, plus loin. L'entrepreneur... et les autres, les concurrents. Ils auront tôt fait de voir ce qu'a fait le premier : un engouement subit réveille leurs « esprits animaux » ou, phénomène plus réel, une évolution plus forte de la productivité, ou des innovations changent la donne. Ils se jettent dans la mêlée, copient, modifient, contrecarrent...

Dans un premier temps, cette conjonction de dépenses a des effets heureux : plus d'investissements, c'est plus d'embauches, un opti-

* 19 septembre 2000

misme plus communicatif qui pousse les entrepreneurs à plus investir, les ménages à plus consommer. Jusqu'à ce que les projets des premiers dépassent les capacités d'acquisition des seconds, que s'érodent les rentabilités, que certains montages financiers avec beaucoup d'endettement ne cèdent. Le groupe des entrepreneurs replie alors la toile, les anticipations se renversent. Il ne s'agit plus d'étendre l'activité, mais d'être moins cher. L'investissement, soucieux auparavant de capacité s'inquiète seulement de productivité, puis s'arrête. C'est le ralentissement, bientôt la récession. Dans un tel retournement, ceux qui détiennent plus de liquidités résistent, ils peuvent acheter des entreprises décotées : *cash is king*. Jusqu'au moment où les entrepreneurs ayant survécu révisent leur position, jugent l'ajustement suffisant, les conditions de profit restaurées. Et le cycle reprend, avec sa logique interne. On peut trouver évidemment d'autres sources à ces mouvements de l'activité, avec des entrepreneurs qui deviendraient plus « stockeurs », ou bien des ménages plus consommateurs, ou encore des marchés internationaux plus porteurs, mais la logique est la même : pour que la fluctuation de l'activité soit perceptible, pour qu'il y ait cycle, il faut que les capacités de production se tendent, puis que les entrepreneurs décident de les accroître.

Mais, à côté de ce cycle qui paraîtrait presque naturel, le mouvement même de la liquidité implique en fait, dans la phase de montée, que plus de moyens de financement soient disponibles au-delà des profits émanant des projets eux-mêmes. Les banques créent cette liquidité, cette liberté de faire, mais une liberté surveillée par la Banque centrale qui peut juger que la reprise est plus ou moins rapide, donc plus ou moins risquée, plus ou moins inflationniste. Pour empêcher cette dérive, la Banque centrale va monter les taux d'intérêt, ceux auxquels se refinancent les banques, jusqu'à ce que les entrepreneurs révisent leurs anticipations devant un crédit plus cher (aspect microéconomique) et aussi devant le message envoyé par les autorités monétaires (aspect macroéconomique). Le processus de correction peut être rapide et aisé, et l'atterrissage (le *landing*) se fera en douceur, ou plus long et dur à obtenir, et le *landing* sera alors plus brutal. Le cycle aura alors une source externe, exogène : la Banque centrale.

Théories endogène et exogène du cycle rendent ainsi compte (en simplifiant bien sûr ici ce qui peuple des bibliothèques) des sinusoïdes de l'activité, mais elles ne répondent pas à la question politico-économique : ces cycles sont-ils, ou non, une bonne chose ? Faut-il les laisser faire, ou les contrer ? Le risque est en effet, quand les anticipations se renversent, que le pessimisme prenne le pouvoir et que la purge soit trop prononcée. Pas assez d'investissement et de consommation, trop d'épargne. D'où l'idée keynésienne d'un soutien de l'État, d'une dépense autonome d'investissement public financée à crédit. On sait que cette méthode permet de sortir de l'ornière, la « trappe à liquidités », mais qu'il est toujours difficile d'arrêter ensuite le processus du déficit budgétaire, tant il suscite de bénéficiaires… qui votent. Hors ce pessimisme catastrophique, le processus cyclique est en général jugé sain, pour autant que les marchés soient flexibles, et notamment celui de l'emploi. Cependant, quand Alan Greenspan, le président de la Banque centrale américaine, entend assurer le plus haut niveau de croissance non inflationniste possible, il veut lui aussi éviter un cycle trop prononcé. À moins que la « nouvelle économie » n'ait tué le cycle, avec des gains élevés et surtout récurrents de productivité ? Mais il risque quand même de faire monter les tensions sur le partage de la valeur ajoutée et sur les valeurs d'actifs pour donner naissance à deux inflations, boursière et salariale. Voilà pourquoi il est si difficile de maintenir l'économie autour de son potentiel et les cycles paraissent une assez bonne chose, pour autant qu'ils soient modérés, ce que l'on ignore avant d'en être sortis…

49 – Libre-échange et risques sociaux *

En 1703, le Portugal autorise l'entrée des textiles anglais. En contrepartie, l'Angleterre s'engage à acheter du vin. Le roi portugais entend stimuler ainsi la production agricole. En réalité, il donne à l'Angleterre le contrôle des terres qui produisent le célèbre vin de Porto et fait péricliter l'industrie drapière locale

Tous les économistes vous le diront : le développement des échanges est le point de départ du développement économique. La source de ce consensus se trouve chez David Ricardo dans la théorie des coûts comparés (chapitre 7 des Principes de l'économie politique et de l'impôt, 1817). Chaque nation vend aux autres les biens pour lesquels les coûts relatifs nationaux sont plus faibles. Elle leur achète ceux pour lesquels les coûts relatifs nationaux sont plus élevés. Chacune a donc un gain mutuel à l'échange. Le Portugal a un avantage comparatif dans le vin, l'Angleterre dans le drap : il est rationnel que le premier ne fasse que du vin, la seconde que du drap.

Bien sûr, cette approche a été critiquée d'un point de vue économique. Le modèle théorique suppose que les facteurs de production sont immobiles (autrement, il serait plus efficace de produire drap et vin au Portugal), que les fonctions de production sont à coûts constants (or le progrès économique modifie les fonctions de coûts), que la demande n'intervient pas. Il ne précise pas non plus comment se partagent les gains de cette division territoriale du travail entre les deux pays, ni en leur sein.

L'histoire, elle, nous dit que le roi du Portugal Pedro II (1683-1706) s'ouvre au progrès, avec des manufactures sur le mode colbertiste, et aux échanges par le traité de Methuen de 1703 avec l'Angleterre. En contrepartie de l'autorisation d'entrée des textiles anglais au Portugal, l'Angleterre s'engage à y acheter du vin, et le roi portugais entend stimuler ainsi la production agricole. Il donne en réalité à l'Angleterre le contrôle des terres qui produisent le célèbre vin de Porto et fait péricliter l'industrie drapière locale, point avancé de l'industrie dans son ensemble.

---

* 27 mars 2001

Les débats actuels sur l'ouverture mondiale aux échanges, sur la diminution graduelle des protections et barrières, qu'il s'agisse de la construction européenne ou des conférences sur le commerce mondial, ne s'éloignent pas de cette problématique, combinant dynamique économique et risques sociaux. L'ouverture aux échanges est toujours un choc qui modifie les conditions de production, distribution et répartition de la valeur ajoutée dans un pays en fonction de ce que font d'autres, plus avancés.

Les intérêts de la protection sont connus. Politiquement, elle prolonge une organisation sociale : c'est la fameuse stratégie de Méline, destinée à ménager les activités agricoles, et par la même occasion le vote conservateur des campagnes. Sans aller jusqu'à cet exemple caricatural, il s'agit toujours de gagner du temps, de préparer les esprits, les structures, les organisations. Économiquement, la protection permet aux industries naissantes ou faibles de se développer : c'est la théorie de l'Allemand List, un des concepteurs du Zollverein de 1833, cette union douanière entre pays allemands destinée à protéger leur industrie. List avait trouvé ses idées... aux États-Unis, où il s'agissait alors de se protéger de « la concurrence malveillante des Britanniques », pour reprendre les mots de l'économiste américain Cooper dans une lettre écrite en 1808 au président Jefferson.

Mais on connaît les risques de la protection. Les écarts de croissance entre pays engendrent des différences de valorisation du capital entre les plus avancés et les autres. Ces derniers souffrent bientôt de sorties de capitaux et d'exode de leurs élites, jusqu'à ce que se produisent les ouvertures nécessaires, mais retardées et donc plus douloureuses ; tandis que les pays les plus riches peuvent acheter à bas prix, dans le pays en retard, les actifs les plus intéressants. En fait, l'échange international est lié, au-delà des écarts de coût et de compétitivité, aux évolutions discontinues des innovations, des investissements, des valorisations, plus importantes ici que là. Si rien n'est fait, les situations politiques et sociales particulières accusent le contraste créé par des croissances économiques différenciées. Économies, pays, sociétés sont toujours en concurrence. Ils peuvent choisir de participer au jeu mondial en fonction de leur situation relative, ou de s'en abstraire pour défendre leurs acquis, en réalité certains intérêts acquis. Mais l'horloge de la concurrence, elle, ne s'arrête jamais.

C'est pourquoi le libre-échange n'existe pas, devant toujours être organisé, structuré, accompagné. C'est bien ce qui se passe lors des réunions internationales. Aux demandes d'ouverture des uns, souvent les États-Unis, répondent celles d'encadrement du processus et de compensations venant des autres pays, avec désormais des réactions de plus en plus nettes des syndicats ou d'autres groupes hostiles à ces logiques de mondialisation. Un économiste américain, M. Merrill, remarquait, lors d'une conférence qui s'est tenue le 13 novembre 2000 à la Banque fédérale de réserve de Philadelphie, que même les salariés de son pays se plaignaient de l'ouverture internationale ! Celle-ci n'avantagerait qu'un tiers seulement de la population au détriment des autres. Dans l'esprit de la majorité des salariés américains, selon M. Merrill, la mondialisation creuse les disparités, dégrade les conditions de travail, abaisse les avantages sociaux. Mais il ajoute : les salariés gagneraient pourtant à ce qu'il y ait plus de mondialisation, si tant est qu'ils disposent, simultanément, d'institutions sociales qui ne les laissent pas se débattre chacun pour soi (Bulletin du FMI, 18 décembre 2000).

En effet, on ne peut traiter l'échange international en termes purement économiques. Cet échange est indispensable, certes, mais il s'agit de voir plus loin, en étudiant ses effets sur le développement des pays, en admettant que les échanges de biens ne sont jamais neutres, mais ont des implications stratégiques. Le vin de Porto était produit sur les terres les plus riches du Portugal, et l'industrie du drap utilisait la main-d'œuvre la plus avancée d'Angleterre, comme aujourd'hui l'industrie logicielle de la Silicon Valley ou la fabrication des ordinateurs en Asie. Tout ne passe pas par les prix, ou, si tel est le cas, les conditions sociales se tendent jusqu'à la cassure. Le free trade (libre-échange) doit être fair (équitable), non par supplément d'âme, mais comme condition de sa pérennité.

50 – À marché souple, comptabilité rigide *

Si l'attaque terroriste contre New York et Washington avait eu lieu fin décembre, près de la clôture des comptes, le risque de désastre financier aurait été énorme, sauf à prendre immédiatement des mesures dérogatoires pour le secteur des assurances et, par extension, pour tous les agents économiques, et ce à l'échelle du monde entier !

Un bilan d'entreprise donne l'image, à un moment donné, des emplois (immeubles, machines, titres de sociétés, créances clients, liquidités) que cette entreprise a fait de ses ressources (fonds propres, dettes à long terme, dettes à court terme). Le compte de résultat, pour sa part, présente la façon dont cette même entreprise a consommé, sur un laps de temps donné, une masse financière (charges : salaires et achats) pour en produire d'autres (produits : chiffre d'affaires), et si possible davantage (bénéfice d'exploitation, calculé par différence entre produits et charges). Le bilan est donc la photo, le compte de résultat le film. L'affaire paraît entendue.

Cependant, l'évaluation des composantes de ces deux documents n'est pas si simple. S'agit-il de valeurs historiques, fondées sur le coût d'achat du bien diminué de son usure (amortissement) ? Ou s'agit-il plutôt de valeurs de marché, celles qu'on peut constater à l'arrêté des comptes ? Si l'on pense que la comptabilité doit donner une image fidèle, un reflet de la réalité en quelque sorte, on serait tenté de dire que rien ne vaut la seconde approche. C'est le marché qui dicterait ses valeurs à la comptabilité hors de toute pression ou interprétation, comme on lit la cote de la Bourse. Ce serait aussi plus simple, moins coûteux. Pour autant, la résistance à cette tendance est très forte, et ceci pour d'excellentes raisons : cette « valeur de marché » est en fait terriblement trompeuse et plus encore, terriblement déstabilisante, pour l'entreprise et l'économie dans son ensemble. En effet, si l'entreprise pense que son client risque de ne pas la payer, elle va essayer de trouver des solutions (pressions, gages, étalement des versements, réductions...), avant de passer sa créance du côté des pertes. Plus généralement, pour établir sa richesse, l'entreprise va supposer que

* 18 décembre 2001

son activité se poursuit normalement, que les stocks seront vendus, que les clients payeront, que les prix des terrains et des immeubles ne baisseront pas... La comptabilité des entreprises travaille sous une hypothèse de continuité de l'activité et de conjoncture normale, et donc de valeurs maintenues. Elle ne corrige à la baisse que pour de bonnes raisons, et pas immédiatement. Quand une banque a le sentiment que la situation économique s'améliore, elle en profite pour faire des provisions pour les jours plus sombres. Et quand ils viennent, car l'économie est fondamentalement cyclique, elle se prépare à les utiliser, mais toujours à bon escient. En effet, à l'instar de l'entreprise examinée plus haut, elle ne passe pas immédiatement en perte ses créances « accrochées » aux entreprises déficientes. Elle va exercer des pressions, étaler les versements, consentir des réductions, essayer de récupérer des gages. Elle ne va pas davantage valoriser les titres d'une société où elle entend demeurer en fonction de leur valeur du jour (« *marked to market* ») : là encore, elle voit plus loin. L'image n'est fidèle que parce qu'elle s'inscrit dans la durée. En outre, si la banque diminuait automatiquement la valeur de ses crédits ou de ses titres, elle constaterait une perte. Cette perte réduirait ses fonds propres, donc sa capacité à faire des crédits : on estime que, par l'effet prudentiel du ratio Cooke, une banque peut prêter environ douze fois l'équivalent de ses fonds propres.

Ce souci de l'image non pas fidèle, comme le veut la comptabilité, mais en fait recopiée, rendrait plus sévère tout ralentissement. Il y aurait plus de difficultés pour les entreprises, donc de nouvelles baisses des titres, et ainsi de suite. La banque devrait diminuer encore ses actifs, donc ses fonds propres, donc prêter moins. La baisse des valeurs appelle automatiquement celle de l'activité : la comptabilité en valeur de marché est procyclique, elle ne cesse de fausser les valeurs qu'elle retient un temps, pour précipiter et accroître la récession. Le cas est pire encore pour la compagnie d'assurances, dont une part significative des garanties est composée de titres de sociétés. Si l'activité faiblit, on pourrait alors penser que sa capacité de remboursement de sinistres baisse aussi, donc que le niveau de risque de l'économie monte, étant moins couvert. Or toute l'activité d'assurance repose sur des visions à très long terme des risques et des garanties, elles-mêmes estimées dans une optique de valorisation longue. La compagnie d'assurances est même l'agent économique qui voit le plus loin, c'est lui qui balise un nombre important de valeurs, de risques, donc de rendements. *A contrario*, une règle d'évaluation en fonction du marché, pour « faire fidèle », la fragiliserait, et toute l'économie avec, en faussant les repères. Les événements du 11 septembre ont montré la secousse subie, puis surmontée, par les assureurs. Si l'attaque avait eu lieu fin décembre, près de la clôture des comptes, le risque de désastre financier aurait été énorme, sauf à prendre immédiatement des mesures dérogatoires pour le secteur, et par extension pour tous les agents économiques, et ce à l'échelle du monde entier !

La stabilisation des valeurs dans et par la comptabilité, surtout dans l'assurance, est cruciale pour stabiliser l'économie dans son ensemble, dans la mesure où elle lui permet... de fluctuer. Ce n'est pas un paradoxe, mais une composante décisive de la dynamique macroéconomique, pour ne pas balayer la mesure de moyenne période par des fluctuations de court terme. Car il faut fluctuer par rapport à quelque chose. La comptabilité donne son ancrage à l'économie, dans la mesure où elle indique les valeurs de moyenne période, fixe les repères. Chercher toute la vérité dans le marché serait accroître la volatilité du système de valorisation en introduisant une résonance entre activité financière (banque, assurance) et activité réelle. Certains travaux de la Banque des règlements internationaux, sous influence des banques d'affaires américaines, pourraient y pousser. Mais l'analyse et la raison, et à défaut les événements du 11 septembre, conduisent à ne pas confondre les valeurs avec leurs reflets de marché. La comptabilité est une composante essentielle de notre système dynamique, donc potentiellement instable, parce qu'elle le calme, et donc le renforce.

51 – Synchronisation et compétition *

Au niveau macroéconomique, l'économie financiarisée pousse à plus de croissance. Les investissements sont mieux choisis, les organisations plus efficaces.

Au niveau macroéconomique, l'économie financiarisée pousse à plus de croissance. Les investissements sont mieux choisis, les organisations plus efficaces

Toutes les grandes économies fonctionnent aujourd'hui au ralenti. On pourrait imaginer qu'il s'agit là d'un hasard, d'un phénomène circonstanciel, passager. Pourtant, il est clair que désormais le monde se polarise autour de quelques zones, qu'une convergence réelle est en œuvre (sous la houlette du dollar et de l'euro), tandis qu'un objectif de rentabilisation unique se généralise, autour de la norme de 15 % de retour sur investissement, le fameux Return On Equity (ROE). Et si, donc, naissait une nouvelle logique : un ROE à 15 %, une polarisation euro/dollar autour d'un seul cycle..., lui-même nouveau ?

La pression des actionnaires, organisée par les gestionnaires de patrimoine et de fonds, pousse à des choix réels et financiers très voisins. Réels d'abord, car les entreprises cherchent à développer leurs réseaux de distribution et à restructurer leurs unités de production grâce aux économies d'échelle. Financiers ensuite, car ce résultat peut (doit, en réalité) être obtenu avec moins de fonds propres et plus de dettes. La progression du retour sur investissement qui en résulte attire des actionnaires nouveaux, ce qui fait, évidemment, monter le titre. Ce cercle vertueux permet à un autre rapport – celui qui relie les montants investis en fonds propres dans l'entreprise et inscrits dans ses comptes (dans le Book), à leur valorisation par la Bourse (ce qui en donne le Price) – de progresser également. Un taux de profit supérieur accroît, en effet, la valorisation boursière des fonds propres.

Il s'agit alors de calculer, par secteur, comment le marché mondial valorise les efforts réels et financiers, chaque entreprise en tirant immédiatement des stratégies de communication et d'adaptation. Surtout, à moyen terme, l'entreprise examinera les comportements concurrentiels qui lui permettront un meilleur levier de rentabilité, et donc de valorisation. Une stratégie saluée par le marché protège

---

* Mardi 29 janvier 2002

en effet des agressions possibles d'autres sociétés et, mieux, permet évidemment de s'étendre – par échange de titres (OPE) notamment – en partant à la conquête d'entreprises moins rentables et/ou moins valorisées.

Au niveau macroéconomique, cette économie financiarisée pousse à plus de croissance. Les investissements sont mieux choisis, les organisations plus efficaces. En Bourse, le prix des actifs monte, les leviers de financement se démultiplient. Meilleure efficacité du système, diront certains ; exubérance irrationnelle, diront d'autres. Quoi qu'il en soit, les banques centrales laissent faire. Elles laissent faire une économie qui croît, certes au-delà de son potentiel, mais sans inflation, car la concurrence pour l'affichage du meilleur retour sur investissement est farouche. Un certain cercle vertueux se met alors en place : la rentabilisation supérieure du capital pousse à un potentiel productif lui-même supérieur. Les activités les plus efficaces sont mieux valorisées et achètent les autres. Le lieu le plus rentable devient le mieux valorisé, ce qui développe encore sa propre croissance, puis celle des autres (économie réelle de l'effet d'entraînement), mais surtout lui donne les moyens d'acheter ailleurs (économie financière).

Mais ce qui devait arriver arrive : la progression du ROE devient, un jour, plus compliquée. Le cercle vertueux ne l'est plus. Déséconomies d'échelle ou d'organisation, surinvestissements apparaissent : le résultat progresse plus lentement que prévu, ce que le marché sanctionne en faisant chuter les titres. Les entreprises doivent réduire leurs coûts, leur fragilité financière apparaît, le financement désintermédié s'efface… ou se renchérit. Les banques sont immédiatement sollicitées en substitution. Retournement de cycle et réintermédiation sont là. Et partout. Mais, désormais, c'est la chute.

Celui qui maintient mieux que l'autre son cours de Bourse consolide sa position, s'étend par rachat. En même temps, la politique monétaire devient nécessairement très active et soutient, par les baisses de taux, les banques, qui se trouvent plus sollicitées et amortissent ainsi la chute des cours. En attendant le rebond…

À la hausse, la nouvelle économie financière, patrimoniale et globale implique des croissances plus fortes et plus synchrones, des retours sur investissement plus importants et des politiques monétaires plus compréhensives. Mais, à la baisse, les retournements, également synchrones, se font, eux aussi, plus violents.

Nota : toute ressemblance avec la stratégie américaine n'est pas fortuite.

52 – Concours de laideur *

Les difficultés à venir pourraient naître de la supériorité américaine elle-même, si elle paraît à tous évidente, bref, inattaquable. Par un effet pervers, les États-Unis pourraient attirer ainsi plus de capital qu'ils ne sauraient gérer correctement, se montrer moins empressés dans la recherche de productivité, avec l'idée qu'ils sont les meilleurs.

La littérature économique connaît le fameux concours de beauté de Keynes, où les participants ont à choisir les six plus jolis visages, le prix étant attribué à celui dont les préférences s'approchent le plus de la sélection moyenne opérée par l'ensemble des concurrents. C'est un jeu de spéculateur boursier. Un jeu boursier, pour commencer, car il s'agit de rechercher le sentiment majoritaire, donc celui susceptible de faire monter le titre et, mieux encore, de chercher celui qui sera le plus fortement majoritaire, faisant ainsi plus monter le titre que les autres. Un jeu de spéculateur, car le joueur n'a pas à indiquer les visages qu'il juge les plus jolis, mais ceux qui obtiendront, selon lui, les suffrages des autres concurrents. Pour gagner, il ne s'agit donc pas pour lui de classer ses propres préférences, mais de donner l'idée qu'il se fait du sentiment majoritaire, à moins que ce ne soit l'idée qu'il se fait du sentiment majoritaire des gens qui répondent au concours, ou encore l'idée majoritaire que les gens qui répondent se font des gens qui répondent... Et ainsi de suite : le jeu de miroirs se poursuit, jusqu'au quatrième ou cinquième degré, ou plus loin encore.

Contrairement au spéculateur, l'investisseur ne s'intéresse qu'aux seuls mérites de l'entreprise, et cela sur longue période, en fonction de sa situation, de ses choix stratégiques, de ses dirigeants, de ses capacités financières... Le voilà alors en recherche de ces valeurs dites de « père de famille », qui obéissent à des logiques de valorisation de long terme, et qui ne s'avèrent pas, en général, un si mauvais choix. Mais, quand les marchés se retournent, l'angoisse gagne partout et peut faire même vaciller l'investisseur. Le Japon fait peur aujourd'hui, maintenant que l'on mesure mieux les dettes qui pèsent

---

* Mardi 26 février 2002

sur l'État, les firmes, les banques, les assureurs. Et les gens s'inquiètent, ferment leurs comptes dans les banques les plus en danger (*bank run*), liquident certains contrats d'assurance, inaugurant ainsi une nouveauté technique : l'*insurance run*... Puisque le yen les inquiète tous, ils vont vers l'or et le dollar. L'Europe inquiète aussi un peu les investisseurs, en raison de sa croissance molle, de la complexité politique croissante, et d'une banque centrale qui incarne le fédéralisme et se trouve placée sous les regards de plus en plus pressants d'un Parlement européen et d'États-nations. Quant aux États-Unis, au-delà de la qualité de leur reprise, ils ne rassurent pas non plus les investisseurs, qui doutent de plus en plus des modalités de calcul de leurs profits. Depuis l'affaire Enron, la suspicion se répand sur les pratiques comptables des sociétés, via l'anticipation de profits non réalisés (*aggressive accounting*), et la mesure du non-mesurable (*intangible assets* ou *goodwill*), qui peuvent représenter une part considérable des actifs. Tous les regards se tournent vers les analystes financiers qui, dans leur immense majorité, recommandent d'acheter les titres qu'ils suivent, les commissaires aux comptes qui sont aussi des conseilleurs, et les banques qui font les prêts... La circularité de certains processus inquiète.

Mais les États-Unis connaissent aussi la plus forte croissance démographique des grands pays développés et attirent vers eux les cerveaux de la planète. Logiquement, si l'on estime que la productivité va simplement croître de 1,5 % par an jusqu'en 2050, et en reprenant ce même chiffre pour le Japon et l'Allemagne, les États-Unis disposeront donc d'un produit intérieur brut (PIB) triple de l'actuel, contre 1,5 fois pour l'Allemagne, 1,3 fois pour le Japon. Le fossé va donc se creuser, d'autant plus que des travaux récents montrent que la productivité américaine croît autour de 2,5 % sur longue période et qu'elle résiste dans la tourmente (1,6 % en glissement au dernier trimestre 2001). Pour des raisons démographiques, technologiques, financières, économiques, les États-Unis devraient donc garder leur position de leader. Leur activité va continuer à croître ainsi que les profits qu'elle génère, pour autant que le pays soit attentif à l'évolution des rémunérations. Voilà pourquoi il importe des produits manufacturés chinois ou mexicains, afin de peser sur les salaires domestiques, quitte à voir son déficit extérieur continuer à augmenter. On ne voit donc pas pourquoi se résoudrait le « problème » de leur balance des paiements, qui naît de leur succès, problème soulevé en son temps par Jacques Rueff et qualifié par lui de « lancinant ».

En revanche, les difficultés à venir pourraient naître de la supériorité américaine elle-même, si elle paraît à tous évidente, bref, inattaquable. Par un effet pervers, les États-Unis pourraient attirer ainsi plus de capital qu'ils ne sauraient en gérer correctement, se montrer moins empressés dans la recherche de productivité, avec l'idée qu'ils sont les meilleurs. Bien sûr, leur avantage compétitif se réduirait avec le temps, conduisant à des inversions de flux financiers, mais après d'importants gâchis.

TABLE DES MATIERES

Impression : EUROPE MEDIA DUPLICATION S.A.
53110 Lassay-les-Châteaux
N° 9420 - Dépôt légal : mai 2002